DEREK PRINCE

Die Gemeinde

Band 2:
Die wahre und die falsche Gemeinde

INTERNATIONALER BIBELLEHRDIENST
Ein Arbeitszweig von Derek Prince Ministries International
DPM

Originally published in English as
audio cassettes under the title:
The Church - Part 2

Derek Prince Ministries - International
P.O. Box 19501
Charlotte, North Carolina, 28219-9501
U.S.A.

Übersetzung: Werner Geischberger
Bearbeitung: Thomas Schatton
Layout: IBL-Deutschland
Druck: Druckhaus Gummersbach
Umschlaggestaltung: Martin Kronbichler

1. Auflage November 2001

ISBN 3-932341-40-6

**INTERNATIONALER
BIBELLEHRDIENST**

IBL-Deutschland
Schwarzauer Str. 56
D-83308 Trostberg
Tel: 08621-64146
Fax: 08621-64147

IBL-Österreich
Kaiserallee 8
A-2100 Korneuburg
Tel: 02262-73046
Fax: 02262-73047

IBL-Schweiz
Bachstr. 1
CH-8952 Schlieren
Tel: 01 738 6080
Fax: 01 738 6081

www.ibl-dpm.net

Inhalt:

Alle Bibelzitate, wenn nicht anderweitig vermerkt, entstammen der revidierten Elberfelder Übersetzung (EÜ=Einheitsübersetzung, LU=Luther 1984, GN=Gute Nachricht). Dies gilt sowohl für „Die Gemeinde Band I" als auch für „Die Gemeinde Band II".

Kapitel 1: Weiterführende Lehre über Älteste

Im ersten Band dieser Buchreihe beschäftigten wir uns mit der Gemeinde und ihren wichtigsten Diensten. Wir unterteilten diese Dienste in zwei verschiedene Kategorien: in sogenannte *mobile* Dienste, die innerhalb der weltweiten Gemeinde tätig werden und dem ganzen Leib Christi zur Verfügung stehen, und in *ortsgebundene* Dienste, die innerhalb einer Ortsgemeinde tätig werden und sich auf einen konkreten Ort beschränken.

Im letzten Kapitel von Band 1 untersuchten wir die beiden wichtigsten ortsgebundenen Dienste: den Bischof oder Aufseher bzw. Ältesten bzw. Hirten (drei verschiedene Bezeichnungen für ein und denselben Dienst) und den Diakon oder Diener.

Ich möchte kurz die Aussagen dieses Kapitels wiederholen, um mich im weiteren Verlauf noch näher mit den Ältesten zu befassen.

Im abschließenden Kapitel von Band 1 hielten wir fest, dass diese Art Leiter mit drei verschiedenen griechischen Worten bezeichnet wird: *presbyteros* (Ältester), *episkopos* (Aufseher oder Bischof) und *poimen* (Hirte oder Pastor). Diese drei verschiedenen Worte bezeichnen alle ein und denselben Dienst; diese Art Leiter wird normalerweise Älteste genannt.

Im Neuen Testament erscheinen diese Leiter vor Ort - Älteste, Bischöfe oder wie auch immer man sie nennt - stets in der Mehrzahl. Man findet sie nirgendwo in der Einzahl. Das ist ein grundlegendes Prinzip der Bibel.

Die Ältesten sind das entscheidende Bindeglied zwischen den mobilen Diensten und den ortsgebundenen Mitgliedern einer Ortsgemeinde. Eine Ortsgemeinde besteht maximal aus Ältesten, Diakonen und Heiligen (d.h. allen anderen Gläubigen). Deshalb können wir dem Neuen Testament auch das zentrale Prinzip ableiten, dass eine Ortsgemeinde nie geteilt zu werden braucht. Man muss lediglich die Zahl der Leiter proportional zum Anstieg der Mitgliederzahl erweitern. Und auch in Städten wie Jerusalem oder Antiochia, wo es fünfzigtausend und noch mehr Gläubige gab, hatte man nur eine einzige Gemeinde und erweiterte einfach die Zahl der Leiter proportional zur Zahl der Gemeindemitglieder.

*****

Nun wollen wir einige Aspekte der neutestamentlichen Lehre über Älteste etwas genauer untersuchen. Wir beginnen mit den Aufgaben eines Ältesten. Was wird von einem Ältesten erwartet? Eine denkbar kurze und klare Antwort auf diese Frage finden wir meines Erachtens in 1. Timotheus 5,17, wo es heißt:

> *„Die Ältesten, die gut [regieren], laß doppelter Ehre würdig geachtet werden, besonders die in Wort und Lehre arbeiten."*

Statt „Lehre" steht in der englischen King James Bibel das Wort „doctrine", aber es ist nicht die abstrakte Vermittlung von Wahrheit gemeint, sondern der Prozess des Lehrens und Gelehrtwerdens. Das ist hier gemeint. Die beiden wichtigsten Funktionen eines Ältesten sind somit

1. **Regieren** und
2. **Lehren.**

Von allen wird erwartet, dass sie regieren, auch wenn der Text den Schluss nahelegt, dass nicht notwendigerweise alle im gleichen Maße lehren und es deshalb welche gibt, die sich ganz besonders auf Lehre konzentrieren. Aber ganz allgemein wird von Ältesten erwartet, dass sie sowohl regieren als auch lehren.

*****

Hinsichtlich dieser regierenden Funktion eines Ältesten verwendet das Neue Testament drei verschiedene griechische Worte; es ist sehr aufschlussreich, eins nach dem anderen unter die Lupe zu nehmen und jeweils die konkrete Bedeutung herauszuarbeiten.

Das Wort, das hier in 1. Timotheus 5,17 verwendet wird, bedeutet wörtlich *„vor etwas stehen"* oder *„vorstehen"* oder *„an der Spitze von etwas stehen"*. Dasselbe Wort taucht auch in 1. Timotheus 3,4-5 auf, wo es heißt, ein Ältester müsse jemand sein, der...

„...dem eigenen Haus gut vorsteht und die Kinder mit aller Ehrbarkeit in Unterordnung hält - wenn aber jemand dem eigenen Haus nicht vorzustehen weiß, wie wird er für die Gemeinde Gottes sorgen?"

Hier haben wir die wörtliche Übersetzung „vorstehen"; es ist dasselbe Wort wie das Wort „regieren" in 1. Timotheus 5,17. Es heißt in beiden Stellen „vor etwas stehen" oder „an der Spitze von etwas stehen". Zweimal beschreibt es die Beziehung eines Vaters zu seiner Familie. Somit bekommen wir eine Vorstellung, was damit gemeint ist, dass ein Ältester innerhalb der Ortsgemeinde „regieren" soll.

Dasselbe Wort finden wir in 1. Thessalonicher 5,12-13, wo es heißt:

„Wir bitten euch aber, Brüder, daß ihr die anerkennt, die unter euch [hart] arbeiten und euch vorstehen im Herrn und euch zurechtweisen, und daß ihr sie ganz besonders in Liebe achtet um ihres Werkes willen."

Diesem Text ist zu entnehmen, dass ein Ältester drei Funktionen hat. Er *arbeitet hart* (dieses Wort hier bezeichnet wirklich schwere Arbeit). Er *steht den anderen Christen vor* und *er weist sie zurecht* (bzw. lehrt sie oder warnt sie). Hier haben wir wieder dieses Wort „vorstehen"; es ist dasselbe Wort wie in 1. Timotheus und heißt „an der Spitze von etwas stehen". Die Mitglieder der Gemeinde werden also ausdrücklich ermahnt, jene wertzuschätzen und zu lieben, die an der Spitze stehen und unter ihnen hart arbeiten und sie ermahnen bzw. zurechtweisen. Rein menschlich ist es nicht immer leicht, jemanden zu lieben, der einen zurechtweist, doch die Bibel sagt, dass die Beziehung zwischen Gemeindemitgliedern und Ältesten so aussehen soll.

*****

Das zweite wichtige Wort, mit dem die Leiterschaft innerhalb einer Gemeinde charakterisiert wird, heißt wörtlich **„führen“**; dabei denkt man an einen Hirten im Orient, der seiner Herde immer vorausgeht, dem die Herde folgt und auf dessen Stimme die Herde hört. Vom selben griechischen Verb leitet sich ein griechisches Hauptwort her, das einen „General“ bezeichnet oder den „Anführer einer Armee“. Dieses Hauptwort taucht als das Wort „Führer“ dreimal im Hebräerbrief auf: Hebräer 13,7 + 17 + 24. Wir sehen uns die Verse im einzelnen an. Hebräer 13,7:

„Gedenkt eurer Führer [das heißt, derer, die euch führen], *die das Wort Gottes zu euch geredet haben! Schaut den Ausgang ihres Wandels an, und ahmt ihren Glauben nach!“*

Wir halten fest, dass diese Leute führen. Außerdem bringen sie anderen das Wort Gottes und sind ein Glaubensvorbild, das wir nachahmen sollen. Wenn die Leiter einer Ortsgemeinde nicht in dieser Art und Weise führen, dann ermahnt uns die Bibel auch nicht, ihnen zu folgen. Wir sollen denen folgen, die führen, die die Wahrheit des Wortes Gottes sprechen und ein Glaubensvorbild sind. Das wird von diesen Leitern gefordert.

In Vers 17 heißt es dann:

„Gehorcht und fügt euch euren Führern, denn sie wachen über eure Seelen, als solche, die Rechenschaft geben werden, damit sie dies mit Freuden tun und nicht mit Seufzen; denn dies wäre euch nicht nützlich.“

Hier werden die Leiter als jene dargestellt, die über die Seelen der Gemeinde wachen; wegen dieser Verantwortung soll sich die Gemeinde ihnen fügen oder unterordnen.

In Vers 24 lesen wir:

„Grüßt alle eure Führer...“

In Hebräer 13 erscheint dieses Wort also insgesamt dreimal; es ist Ihnen sicher aufgefallen, dass es jedes Mal im Plural steht. Es wird nie der Eindruck erweckt, es gebe nur einen Mann, der **das** Haupt oder **der** Leiter der Ortsgemeinde ist.

*****

Das dritte Wort, das in diesem Zusammenhang für die regierende Funktion eines Ältesten verwendet wird, ist ein Verb, das sich direkt vom griechischen Hauptwort für „Hirte" ableitet. Deshalb übersetzt man es am einfachsten und besten mit **„Hirte sein"**. Dieses Wort finden wir in Apostelgeschichte 20,28, wo Paulus zu den Ältesten der Gemeinde von Ephesus sagt:

„Habt acht auf euch selbst und auf die ganze Herde, in welcher der Heilige Geist euch als Aufseher gesetzt hat, die Gemeinde Gottes zu hüten..."

Im Griechischen steht hier jedoch „Hirte der Gemeinde Gottes zu sein...". Sie waren Älteste, Aufseher und Hirten. Es war ihre Verantwortung, Hirten der Gemeinde Gottes zu sein.

In 1. Petrus 5,2 verwendet Petrus dasselbe Wort auch im Zusammenhang mit Ältesten. Er schreibt in Vers 1:

„Die Ältesten unter euch nun ermahne ich, der Mitälteste und Zeuge der Leiden des Christus und auch Teilhaber der Herrlichkeit, die geoffenbart werden soll: Hütet die Herde Gottes, die bei euch ist..."

Die Ältesten werden ermahnt, „die Herde Gottes zu hüten"; im Griechischen steht hier wiederum „Hirten der Herde Gottes zu sein". Ich habe bereits darauf hingewiesen, dass sowohl Paulus als auch Petrus davon ausgehen, dass die Leiterschaft einer Ortsgemeinde immer aus mehreren Männern besteht. Es sind **die** Ältesten, **die** Aufseher, und **die** Hirten. Diese drei Worte stehen für ein und denselben Mann, für ein und denselben Dienst.

Es ist sehr interessant, wie dieses Wort „Hirte sein" oder „hüten" an anderer Stelle im Neuen Testament verwendet wird. Es lohnt sich, diese Stellen kurz zu betrachten, da sie verdeutlichen, dass dieses Wort sehr stark mit Autorität und Disziplin assoziiert wird.

In Matthäus 2,6 finden wir ein alttestamentliches Zitat aus Micha 5,2 über den Messias. Das in Matthäus 2,6 wiedergegebene Zitat lautet folgendermaßen:

> *„Und du, Bethlehem, Land Juda, bist keineswegs die geringste unter den Fürsten Judas; denn aus dir wird ein Führer hervorkommen, der mein Volk Israel hüten wird."*

Dieses Wort „hüten" heißt im Griechischen eigentlich „Hirte sein".

In der Offenbarung taucht dieses Wort dreimal auf. In Offenbarung 2,26-27 lesen wir folgende Verheißung:

> *„Und wer überwindet und meine Werke bis ans Ende bewahrt, dem werde ich Macht* [oder „Autorität"] *über die Nationen geben; und er wird sie hüten mit eisernem Stab, wie Töpfergefäße zerschmettert werden..."*

Auch hier bedeutet „hüten" „Hirte sein". Die gedankliche Verbindung zum Hirten wird durch die Erwähnung des Stabs untermauert. Doch anstatt eines Stabs aus Holz ist hier von einem eisernen Stab die Rede. Es ist Ihnen sicherlich aufgefallen, dass dieser Stab direkt damit zusammenhängt, dass „sie wie Töpfergefäße zerschmettert werden". Dieses Wort „hüten" oder „Hirte sein" wird also sehr stark mit Autorität und Disziplin assoziiert.

In Offenbarung 12,5 heißt es über die Frau, die mit der Sonne bekleidet ist:

> *„Und sie gebar einen Sohn, ein männliches Kind, der alle Nationen hüten soll mit eisernem Stab..."*

Und in Offenbarung 19,15 heißt es über unseren Herrn Jesus Christus:

> *„Und aus seinem Mund geht ein scharfes Schwert hervor, damit er mit ihm die Nationen schlage; und er wird sie hüten mit eisernem Stab, und er tritt die Kelter des Weines des Grimmes*

des Zornes Gottes, des Allmächtigen.“

In allen drei Stellen aus der Offenbarung hängt das Wort „hüten“ oder „Hirte sein“ mit einer sehr starken, nachdrücklichen Autoritätsausübung zusammen. Ich will damit nicht sagen, der Hirte einer Gemeinde solle sie mit einem eisernen Stab hüten, aber ich weise Sie darauf hin, dass diese Worte sehr stark mit Autorität in Verbindung gebracht werden.

Wie eine allgemeine Betrachtung des Neuen Testaments deutlich macht, wird nicht so sehr herausgestellt, dass die Schafe dem Hirten unterstehen; das wird als selbstverständlich vorausgesetzt. Es wird vielmehr betont, dass die Hirten ihre Schafe nicht beherrschen und es mit ihrer Autorität nicht zu weit treiben sollen. Das ist meines Erachtens die Umkehrung der aktuellen Situation im Leib Christi in unseren Breiten, wo die Vorstellung, irgend jemand könnte in geistlichen Dingen oder über andere Menschen „regieren“, fast schon als altmodisch gilt.

*****

Beschäftigen wir uns nun kurz mit dem zweiten Aufgabenbereich eines Ältesten, nämlich der **Lehre**. Wir betrachteten bereits die Verweisstelle 1. Timotheus 5,17. Dieser Aufgabenbereich wird auch in Titus 1,9 deutlich. In dieser Stelle im ersten Kapitel des Titusbriefs zählt Paulus auf, was von einem Mann verlangt wird, der die Position eines Ältesten bekleiden soll. In Vers 6 sagt er:

> *„...wenn jemand untadelig ist, Mann einer Frau...* [Vers 7:] *Denn der Aufseher muß untadelig sein...* [hier sehen wir, dass er das Wort „Aufseher“ gleichbedeutend mit „Ältester“ verwendet. In Vers 9 wird schließlich folgendes Kriterium genannt:] *...der an dem der Lehre gemäßen zuverlässigen Wort festhält, damit er fähig sei, sowohl mit der gesunden Lehre zu ermahnen als auch die Widersprechenden zu überführen.“*

Ein Ältester ist also ein Mann, der gründlich gelehrt wurde und seinerseits wiederum in der Lage sein muss, andere zu lehren.

Dieses Bild finden wir auch in 2. Timotheus 2,2. Hier unterweist Paulus Timotheus, wie man innerhalb der Gemeinde eine zur Lehre fähige Leiterschaft aufbaut. Er sagt:

„...und was du von mir in Gegenwart vieler Zeugen gehört hast, das vertraue treuen Menschen an, die tüchtig sein werden, auch andere zu lehren."

Jemand sagte einmal, hier würden im Endeffekt vier geistliche Generationen durch die Lehre miteinander verbunden: Paulus lehrte Timotheus; Timotheus sollte „treue Menschen" lehren; und diese „treuen Menschen" sollten ihrerseits wiederum andere treue Menschen lehren. Und vor diesem Hintergrund unterbreitet uns die Bibel ihre Vorstellung von der Lehrfunktion eines Ältesten: Er muss selbst gelehrt worden sein; anschließend muss er in der Lage sein, die Lehre, die er empfangen hat, anderen potentiellen Leitern weiterzugeben. Auf diese Weise gibt es immer wieder einen potentiell zum Lehren befähigten Leiternachwuchs; er stirbt nicht aus, sondern setzt sich von Generation zu Generation fort: Wer selbst gelehrt worden ist, lehrt andere, damit diese ihrerseits wieder andere lehren und so weiter.

Wenn bei einem Ältesten von Lehre die Rede ist, müssen wir meines Erachtens vom Bild des weithin bekannten, herausragenden Bibellehrers abrücken. Ich wies in Band 1 darauf hin, dass für einen Lehrdienst innerhalb des ganzen Leibes Christi in gewisser Hinsicht die systematische, öffentliche Auslegung der Schrift erforderlich ist. Als Beispiel hierfür erwähnte ich Apollos. Doch wenn von einem Ältesten der Ortsgemeinde die Rede ist, spielt sich diese Lehre in einem kleineren Rahmen ab. Sie besteht aus persönlicher Seelsorge und Lehre in Kleingruppen. Und viele Männer, die sich mit einem großen Dienst vor vielen Menschen nicht wohl fühlen würden, können in einem persönlicheren, seelsorgerlich ausgerichteten Dienst an Einzelpersonen überaus effektiv sein - zumal dieser Dienst im Leib Christi dringend benötigt wird, weil es kaum Leute gibt, die ihn tun können.

Da ich selbst im Lehrdienst stehe, weiß ich diesen Dienst sehr zu schätzen. Wenn ich in einer Veranstaltung mit meiner Predigt fertig bin, warten schon fünfzehn Leute auf mich, die mich etwas fragen möchten. Andere, die im selben Dienst stehen, machen dieselbe Erfahrung. Die meisten dieser Fragen könnten und sollten von jedem normal zugerüsteten Ältesten beantwortet werden. Es ist nicht notwendig, sich eigens anzustellen, damit einem ein reisender Prediger Fragen beantwortet. Doch diese Leute, die mit ihren Fragen kommen, haben meistens vor Ort niemanden, zu dem sie gehen könnten, um Antworten auf ihre Fragen zu bekommen. Das ist ein großer Mangel, gegen den wir innerhalb des Leibes Christi dringend etwas unternehmen sollten.

*****

Nun möchte ich zum Dienst des Hirten weitergehen. Dabei behandle ich im wesentlichen dieselbe Funktion, möchte nun jedoch speziell den Hirten als Dienst oder Amt untersuchen. Er zählt zu den fünf Diensten innerhalb der Gemeinde: Apostel, Propheten, Evangelisten, Hirten und Lehrer.

Ich erwähnte bereits, dass Jesus für jeden dieser fünf Dienste **das** Vorbild ist. Er ist der Inbegriff des Apostels, des Evangelisten, des Propheten, des Hirten und des Lehrers. Wenn wir also ein Vorbild für den Hirtendienst haben möchten, wäre es gut, bei Jesus selbst zu beginnen.

In Johannes 10 wird uns ja „der gute Hirte" vorgestellt. Ich wies bereits darauf hin, dass das Wort „gut" in diesem Zusammenhang nicht in erster Linie „moralisch untadelig" bedeutet, sondern vielmehr „fähig", „kompetent", „jemand, der seinen Job gut macht". Deshalb spricht Jesus hier als Hirte, der weiß, was ein Hirte zu tun hat. Deshalb lohnt es sich, seine Worte unter die Lupe zu nehmen. Betrachten wir die Verse 11 bis 16. Jesus sagt:

„Ich bin der gute Hirte; der gute Hirte läßt sein Leben für die Schafe. Wer Mietling und nicht Hirte ist, wer die Schafe nicht zu eigen hat, sieht den Wolf kommen und verläßt die Schafe und flieht - und der Wolf raubt und zerstreut sie -, weil er ein Mietling ist und sich um die Schafe nicht kümmert. Ich bin der gute Hirte; und ich kenne [meine Schafe] und bin gekannt von den Meinen, wie der Vater mich kennt und ich den Vater ken-

ne...“

Mit anderen Worten: Die Beziehung zwischen Jesus und dem Vater entspricht der Beziehung zwischen den Schafen und dem Hirten. Eine andere Version lautet:

„Wie ich den Vater kenne und der Vater mich kennt, so kennen meine Schafe mich und ich sie.“

Das ist meiner Meinung nach der eigentliche Sinn, der diesen Versen viel mehr Bedeutung verleiht. Die Betonung liegt darauf, dass man die Schafe kennt und von ihnen gekannt wird. Es ist eine innige, persönliche Beziehung. Vers 16:

„Und ich habe andere Schafe, die nicht aus diesem Hof sind; auch diese muß ich bringen, und sie werden meine Stimme hören, und es wird eine Herde, ein Hirte sein.“

Diese Formulierung ist exakt und auch gut verständlich: „eine Herde und ein Hirte“.

Lesen wir noch den abschließenden Vers, Vers 27:

„Meine Schafe hören meine Stimme, und ich kenne sie, und sie folgen mir.“

Ich möchte anhand dieser Worte Jesu vier Eigenschaften des Hirtendienstes herausgreifen und folgendermaßen formulieren:

1. Er gibt sein Leben hin. Das Leben des Hirten gehört im Grunde nicht mehr ihm selbst, sondern es gehört den Schafen. Jeder, der ein selbstgefälliges, auf das eigene Wohlbefinden ausgerichtetes Leben führen möchte, hat kein Recht, diesen Dienst zu tun. Das ist die erste Anforderung: Ein Mann legt sein Leben für Gott und für den Dienst am Volk Gottes auf den Altar. Ein Mann, der nicht bereit ist, ein Diener des Volkes Gottes zu sein, kann diesen Dienst nicht tun.

2. Er muss jedes einzelne seiner Schafe kennen und eine enge, persönliche Beziehung zu ihm haben.

3. Er muss als Person für die Schafe zugänglich und offen sein.

4. Er muss reden und leiten und die Schafe durch sein Reden leiten, denn Jesus sagt hier: „Meine Schafe hören meine Stimme und sie folgen mir." Ich glaube, dass überall dort, wo es Christen gibt, Menschen gebraucht werden, die zugänglich und offen sind und die Schafe kennen.

Als ich das letzte Mal Pastor einer Gemeinde war - was schon einige Zeit her ist -, predigte ich über diesen Dienst - den Hirtendienst - und sagte im wesentlichen dasselbe wie in diesem Buch. Doch am Ende sagte ich: „Ich möchte euch sagen, dass ich offiziell euer Hirte bin; ich bin euer Pastor. Ich habe aus dem Wort zu euch gepredigt, wie es ein Pastor tun soll. Nun", fügte ich hinzu, „ich möchte kein Heuchler sein. Ich möchte in aller Öffentlichkeit vor euch allen bekennen, dass ich weiß, dass ich nicht tue, was ein Pastor tun sollte. Nennt mich also keinen Heuchler. Vielleicht verurteilt ihr mich, aber wenigstens bin ich kein Heuchler. Ein Grund, warum ich es nicht tue, ist der, dass ich es nicht tun kann. Ihr seid zu viele und ich habe nicht genügend Zeit, um diese Beziehung zu euch zu pflegen und euch diese Art von Dienst anzubieten."

Die Gemeinde war nicht besonders groß, vielleicht knapp zweihundert Leute. Aber für mich war es absolut unmöglich, ihnen diesen Dienst anzubieten, der hier in diesen Versen beschrieben wird. Dabei wurde mir sehr klar, dass dieser Hirtendienst bei größeren Gemeinden nicht praktikabel ist. Man muss die Menschen auf kleinere Gruppen verteilen, und jede Gruppe braucht einen, zwei oder vielleicht auch drei Männer, die ihre Leiter sind. Dann kann jeder einzelne auf diesen Leiter zugehen; der Leiter kennt jeden einzelnen; er kennt seine Probleme; er kennt seine Familiensituation, seine Ehe, die Situation in seiner Arbeit. Er kann mit ihnen von Mensch zu Mensch sprechen und ihnen helfen. Ich glaube, jeder Christ braucht jemanden, bei dem er diese Art Dienst und Hilfe bekommen kann. Das ist heute die große Not des Volkes Gottes in unserem Land. In den Ortsgemeinden gibt es im Grunde keine Hirten in diesem Sinne.

Es gibt viele großartige Pastoren, die tun, was sie können. Die meisten Pastoren, die dieser Aufgabe gerecht werden wollen, erleiden einen Nervenzusammenbruch oder einen Herzinfarkt, einfach deshalb, weil es für einen einzelnen unmöglich ist, diesen Dienst an vielen Menschen im größeren Rahmen durchzuführen.

*****

Betrachten wir noch weitere Stellen, die sich auf den Hirtendienst beziehen. Psalm 23 ist ein Psalm, den die meisten Christen kennen. Psalm 23 ist der Hirtenpsalm und beschreibt, was ein Hirte für seine Schafe tut. David versetzt sich selbst in die Rolle des Schafs und sagt:

> *„Der Herr ist mein Hirte, mir wird nichts mangeln. Er lagert mich auf grünen Auen, er führt mich zu stillen Wassern. Er erquickt meine Seele. Er leitet mich in Pfaden der Gerechtigkeit um seines Namens willen."*

Ich habe diese drei Verse unter zwei Kategorien zusammengefasst: Der Hirte sorgt für Wasser und grünes Weideland; der Hirte beschützt, leitet und hütet. Wiederum ist der Hirtenstab das Zeichen dafür, dass er das Sagen hat. Es ist Aufgabe des Hirten, darauf zu achten, dass die Schafe nicht an die falschen oder an gefährliche Stellen gehen; er muss sie von dort wegholen und wieder zurückbringen.

Eine weitere sehr eindringliche Stelle finden wir in Hesekiel 34, wo der Herr die Hirten Israels zur Rechenschaft zieht. Dieser Bericht ist sehr ernst und traurig. Er rügt sie, weil sie nicht getan haben, was sie als Hirten hätten tun sollen. Für mich heißt das, dass Gott genau das, was er hier sagt, von einem Hirten erwartet. Lesen wir Hesekiel 34,1-4. Es macht mich sehr nachdenklich, wenn ich mir vorstelle, dass Gott am Ende dieser Zeitphase mit den Hirten abrechnen wird. Ich befürchte, dass dieser Augenblick der Rechenschaft für einige bekennende Pastoren sehr peinlich sein wird, wenn man sich vor Augen führt, was von ihnen erwartet wird. Es heißt hier:

> *„Und das Wort des Herrn geschah zu mir so: Menschensohn, weissage über die Hirten Israels, weissage und sprich zu ihnen, den Hirten: So spricht der Herr: Wehe den Hirten Israels, die sich selbst weiden! Sollen die Hirten nicht die Herde*

weiden? Die Milch genießt ihr, und mit der Wolle kleidet ihr euch, das fette Vieh schlachtet ihr - die Herde weidet ihr nicht. Die Schwachen habt ihr nicht gestärkt und das Kranke nicht geheilt und das Gebrochene nicht verbunden und das Versprengte nicht zurückgebracht und das Verlorene nicht gesucht, sondern mit Härte habt ihr über sie geherrscht und mit Gewalt."

Wenn man die Kernpunkte dieser Lehre herausarbeitet, kommt man meines Erachtens zu denselben Schlussfolgerungen, die ich bereits angesprochen habe. Der Herr erwartet offenbar sechs Dinge von den Hirten. Sie sollen...

- die Herde weiden
- die Schwachen stärken
- die Kranken heilen
- die Gebrochenen verbinden
- das Versprengte zurückbringen und
- das Verlorene suchen.

Diese Dinge werden vom Hirtendienst erwartet.

Was den Dienst an Kranken betrifft, möchte ich zum Vergleich kurz Jakobus 5,14-15 heranziehen:

„Ist jemand krank unter euch? [Die Frage gilt uns Christen] *Er rufe die Ältesten der Gemeinde zu sich, und sie mögen über ihm beten und ihn mit Öl salben im Namen des Herrn. Und das Gebet des Glaubens wird den Kranken retten, und der Herr wird ihn aufrichten, und wenn er Sünden begangen hat, wird ihm vergeben werden."*

Das Neue Testament verlangt von einem kranken Christen, dass er genau das tut: „Er rufe die Ältesten der Gemeinde zu sich", also die Hirten. Es ist seine Verantwortung, sie zu rufen. Die Bibel überträgt dem kranken Gläubigen die Verantwortung, die Ältesten zu sich zu rufen. Dann ist es ihre Verantwortung, ihm zu dienen, ihn zu salben, ihn zu unterweisen, ihn seelsorgerlich zu betreuen und über ihm das Gebet des Glaubens zu sprechen. Wir sehen also, dass der Schrift zufolge Heilung immer noch innerhalb des Dienstbereichs des Hirten liegt.

Jesaja 56 ist eine weitere Schriftstelle, in der Gott den Hirten Israels etwas vorhält. Hier werden die Hirten als „Wächter" bezeichnet, ein Titel, der sehr häufig für diese Art von Leitern gebraucht wird. Betrachten wir in diesem Zusammenhang Jesaja 56,9-10. Diese Verse haben einen ironischen Unterton:

> *„Kommt her, um zu fressen, all ihr Tiere des Feldes, all ihr Tiere im Wald! Seine* [also Israels] *Wächter sind blind, sie alle erkennen nichts. Sie alle sind stumme Hunde, die nicht bellen können. Sie träumen, liegen da, lieben den Schlummer."*

Hier werden die Hirten bzw. die Leiter oder Wächter mit Wachhunden verglichen, die dem Hirten helfen sollen, die Schafe vor wilden Tieren zu schützen. Es ist die Aufgabe des Wachhunds zu bellen, wenn ein Wolf kommt. Es ist die Aufgabe des Hirten zu warnen, wenn der Wolf kommt. Das Neue Testament sagt, die Wölfe seien die falschen Propheten. Matthäus 7,15:

> *„Hütet euch aber vor den falschen Propheten, die in Schafskleidern zu euch kommen, inwendig aber sind sie reißende Wölfe."*

Ein Mann, der in diesem Dienst steht, hat demnach die Verantwortung zu bellen, also zu warnen, wenn der Wolf kommt. Doch zur Zeit Jesajas sagte der Herr: *„Israels Wächter sind blind, sie alle erkennen nichts. Sie alle sind stumme Hunde, die nicht bellen können. Sie träumen, liegen da, lieben den Schlummer..."* Leider ist das auch heute oft der Fall. Die falschen Propheten, die falschen Lehren kommen in die Gemeinde, und die Hirten sind wie stumme Hunde, die nicht bellen. Sie schlagen nicht Alarm. Sie lassen es zu, dass sich die Feinde des Volkes Gottes in seiner Mitte breit machen.

In Hesekiel 33 spricht Gott zu Hesekiel als Wächter. Auch das bezieht sich meines Erachtens auf den Hirtendienst. Der Herr sagt zu

Hesekiel als Wächter, wenn jemand vom Volk zum Wächter ernannt wird und ein Krieg droht, ist es die Aufgabe dieses Wächters, ins Horn zu stoßen. Wenn der Wächter ins Horn stößt, Krieg kommt und Menschen getötet werden, weil sie nicht darauf geachtet haben, dass der Wächter ins Horn gestoßen hatte, sind die Menschen selbst dafür verantwortlich. Doch wenn Krieg und Gefahr drohen und der Wächter nicht ins Horn stößt und die Menschen getötet werden, sagt Gott, er werde das Blut der Toten von der Hand des Wächters fordern. Lesen wir nun die praktische Anwendung in Vers 7 bis 9:

„Dich nun, Menschensohn, habe ich als Wächter für das Haus Israel eingesetzt. Du sollst das Wort aus meinem Mund hören und sie vor mir warnen. Wenn ich zu dem Gottlosen sage: ‚Du Gottloser, du mußt sterben!', du aber redest nicht, um den Gottlosen vor seinem Weg zu warnen, so wird er, der Gottlose, um seiner Schuld willen sterben; aber sein Blut werde ich von deiner Hand fordern. Wenn du jedoch den Gottlosen vor seinem Weg warnst, damit er von ihm umkehrt, er aber von seinem Weg nicht umkehrt, so wird er um seiner Schuld willen sterben; du aber hast deine Seele gerettet."

Hier geht es um eine sehr ernste Verantwortung, die uns Ehrfurcht einflößen sollte: Wenn der Wächter den Gottlosen nicht warnt und der Gottlose um seiner Schuld willen stirbt, sagt Gott, der Gottlose werde zwar sterben, doch sein Blut werde er von der Hand des Wächters fordern.

Ich zweifle nicht daran, dass Paulus diese Worte im Hinterkopf hatte, als er in Apostelgeschichte 20 zu den Ältesten der Gemeinde von Ephesus sprach. Er bezieht sich auf seinen eigenen Dienst unter ihnen und fordert sie auf, nach denselben Prinzipien wie er zu leben. Er sagt in Apostelgeschichte 20,20-21:

„...wie ich nichts zurückgehalten habe von dem, was nützlich ist, daß ich es euch nicht verkündigt und euch gelehrt hätte, öffentlich und in den Häusern, da ich sowohl Juden als Griechen die Buße zu Gott und den Glauben an unseren Herrn Jesus Christus bezeugte."

Paulus konnte sagen: „Ich habe nichts von der Wahrheit zurückgehalten, die ihr wissen musstet. Ich habe euch die ganze Wahrheit gesagt.“

In Vers 26 und 27 greift er diesen Gedanken noch einmal auf und sagt:

„Deshalb bezeuge ich euch am heutigen Tag, daß ich rein bin vom Blut aller; denn ich habe nicht zurückgehalten, euch den ganzen Ratschluß Gottes zu verkündigen.“

Mit anderen Worten: Der Wächter muss über seine Botschaft Rechenschaft ablegen. Wer nicht die ganze Wahrheit Gottes verkündet, wird von Gott für die Seelen zur Rechenschaft gezogen werden, die nicht gewarnt wurden und nicht die Lehre bekamen, die sie hätten bekommen sollen. Es ist für mich ein sehr ernster Gedanke, dass wir alle sagen können sollen: „Ich habe nicht zurückgehalten, euch den ganzen Ratschluss Gottes zu verkündigen.“

Wenn Paulus sagt: „Ich habe nicht zurückgehalten“, liegt der Schluss nahe, dass offenbar in irgendeiner Form Druck auf ihn gelegt worden war, dem er sich jedoch nicht beugte. Im Leib Christi unserer Zeit entsteht oft von allen möglichen Seiten Druck, der einen Mann davon abhalten könnte, den ganzen Ratschluss Gottes zu verkündigen. Ich kenne viele Männer, die viel mehr wissen als sie predigen. Der Druck, der sie davon abhält, das, was sie wissen, auch zu verkündigen, kommt von den unterschiedlichsten Seiten: Druck aufgrund einer Konfessionszugehörigkeit, sozialer Druck, finanzieller Druck: „Was wird geschehen, wenn ich die reichen Gemeindemitglieder vor den Kopf stoße?“ „Was wird geschehen, wenn ich mich gegen die Lehre meiner eigenen Denomination ausspreche?

Doch Paulus war sich immer dessen gewärtig, dass er für das, was er predigte und lehrte, in erster Linie vor Gott Rechenschaft abzulegen hatte und nicht vor Menschen. Ich glaube, das ist Teil der biblischen Lehre über die Verantwortung eines Hirten. Er muss darüber Rechenschaft ablegen, ob er verkündigt, was er als biblische Wahrheit erkannt hat und darf nichts zurückhalten. Wer etwas zurückhält und nicht die volle Wahrheit verkündigt, wird eines Tages von Gott wegen dem, was er nicht gesagt hat, zur Rechenschaft gezogen werden.

*****

Betrachten wir nun gegen Ende dieses Kapitels über den Hirtendienst, was Jakob über sich selbst als Hirte sagte. Ich hörte vor vielen Jahren darüber in Israel eine Predigt, die mich damals tief beeindruckte. In 1. Mose 31 beschreibt Jakob, der seinem Onkel Laban zwanzig Jahre lang als Hirte gedient hatte, seine Arbeit und sein Leben als Hirte. In den Versen 38 bis 40 sagt Jakob über seine Arbeit als Hirte:

> *„Zwanzig Jahre bin ich nun bei dir gewesen; deine Mutterschafe und deine Ziegen haben nicht fehlgeboren, und die Widder deiner Herde habe ich nicht gegessen. Das Zerrissene habe ich nicht zu dir gebracht, ich habe es ersetzen müssen; von meiner Hand hast du es gefordert, mochte es gestohlen sein bei Tag, mochte es gestohlen sein bei Nacht. So erging es mir: Am Tag verzehrte mich die Hitze und der Frost in der Nacht, und mein Schlaf floh von meinen Augen."*

Das ist das Bild eines sehr, sehr anspruchsvollen Dienstes, und ich glaube, dass dasselbe auch für den Hirtendienst unserer Zeit gilt.

Vergleichen wir diese Stelle mit Hebräer 13,17, einer Stelle, die wir schon einmal am Anfang dieses Kapitels betrachtet haben. Dort heißt es: *„...und fügt euch euren Führern, denn sie wachen über eure Seelen, als solche, die Rechenschaft geben werden..."* Was Jakob sagte, hat denselben Grundtenor: „Ich konnte nachts nicht schlafen, weil ich Rechenschaft geben musste für alles, was mir vielleicht gestohlen werden würde, solange es unter meiner Obhut stand."

*****

Sehen wir uns nun noch kurz die Qualifikation eines Ältesten bzw. eines Hirten an. Was erwartet die Bibel von ihm?

Schlagen wir zunächst das Johannesevangelium, Kapitel 21 auf.

Lesen wir, was Jesus am Ufer des Sees Genezareth zu Petrus sagt. Der Hintergrund ist der, dass Petrus als Jünger Jesu gelobt hatte, er werde ihn nie verlassen, auch wenn ihn alle anderen verlassen würden. Doch Jesus hatte Petrus gewarnt: „Bevor der Hahn heute Abend zweimal kräht, wirst du mich dreimal verleugnet haben." Petrus konnte das nicht glauben, aber es kam genau so. Dreimal sagte er in aller Öffentlichkeit, er würde Jesus nicht kennen und stünde in keinerlei Verbindung mit ihm.

Es stimmt mich sehr nachdenklich, dass es später, bei der Auferstehung, als der Engel den Frauen die Botschaft überbrachte, heißt: „Geht hin und sagt es meinen Jüngern und Petrus." Das heißt, dass Petrus kein Jünger mehr war. Warum? Weil er geleugnet hatte, ein Jünger zu sein. Er hatte das falsche Bekenntnis ausgesprochen. Er hatte sein Recht auf den Titel „Jünger" verwirkt.

In dieser Unterhaltung in Johannes 21 wird offensichtlich, dass Petrus nicht versteht, was der Herr mit ihm tut, doch Jesus entlockt ihm dreimal das richtige Bekenntnis, um sein dreifaches falsches Bekenntnis zu widerrufen. Hierin liegt eine ungeheure Wahrheit über falsches und richtiges Bekennen: Häufig ist es so, dass etwas Falsches, das wir gesagt oder getan haben, durch das entsprechende richtige Bekenntnis getilgt werden muss. Das gilt auch für Vergebung: Wenn wir jemandem noch nicht vergeben haben, tilgen wir diese mangelnde Vergebung, indem wir ihm vergeben. Das gilt auch für viele andere Lebensbereiche.

Wie Jesus hier mit Petrus verfährt, erklärt sich also dadurch, dass er ihn dreimal verleugnet hatte. Nun bringt er ihn dazu, dreimal das Richtige zu bekennen. Und auf der Grundlage jedes richtigen Bekenntnisses überträgt er ihm den Dienst, Hirte seiner Schafe zu sein - insgesamt dreimal. Lesen wir nun den Text. Ich verwende hier eine etwas abgeänderte Variante der King James Version, da dort der Unterschied im griechischen Wortlaut nicht deutlich wird. Johannes 21,15-17:

> *„Als sie nun gefrühstückt hatten, spricht Jesus zu Simon Petrus: Simon, Sohn des Johannes, liebst du mich* [„...liebst du

mich leidenschaftlich, total, hingegeben..." – hier wird das stärkste griechische Wort für 'Liebe' verwendet] *...liebst du mich mehr als diese?* [„Mehr als die anderen? Du hast gesagt, du würdest bei mir bleiben, wenn sie mich im Stich lassen würden. Liebst du mich also mehr als die anderen?] *Petrus spricht zu ihm: Ja, Herr, du weißt, daß ich dich lieb habe* [ein viel schwächeres Wort; es bedeutet soviel wie „Freund sein"]. *Jesus spricht zu ihm:* ***Weide meine Lämmer!*** [auf der Grundlage dieses Bekenntnisses] *Wiederum spricht er zum zweiten Mal zu ihm: Simon, Sohn des Johannes, liebst du mich?* [leidenschaftlich, uneingeschränkt] *Er spricht zu ihm: Ja, Herr, du weißt, daß ich dich lieb habe. Spricht er zu ihm:* ***Hüte meine Schafe!*** [ein völlig anderes Wort. „Hüten" ist dasselbe Wort, das wir eben untersuchten, nämlich „Hirte sein". Natürlich amüsiere ich mich über Petrus. Er war immer so ungestüm gewesen. Er sagte immer ein bisschen mehr als er hätte sagen sollen und jetzt achtete er genau darauf, ja nicht zu viel zu sagen.] *Er spricht zum dritten Mal zu ihm: Simon, Sohn des Johannes, hast du mich lieb?* [Nun begibt sich Jesus mit seiner Wortwahl auf die Ebene des Petrus hinunter.] *Petrus wurde traurig, daß er zum dritten Mal zu ihm sagte: Hast du mich lieb? und sprach zu ihm: Herr, du weißt alles; du erkennst, daß ich dich lieb habe. Jesus spricht zu ihm:* ***Weide meine Schafe****!"*

Der Text enthält also drei Aufforderungen: „Weide meine Lämmer!" „Hüte meine Schafe!" und „Weide meine Schafe!" Die drei Aufforderungen unterscheiden sich voneinander. Auffallend ist, dass die grundlegende Qualifikation, um die Schafe des Herrn zu hüten, nicht unsere Haltung gegenüber den Schafen ist, sondern unsere Haltung gegenüber dem Herrn. „Liebst du **mich**? Weide meine Schafe!"

Die Erfahrung hat mich gelehrt, dass einem eine sentimentale Liebe zum Volk Gottes nicht helfen wird, diesen Job zu erledigen. Denn wenn unsere Augen und unsere Gedanken ständig bei den Menschen sind, wird eine Zeit kommen, in der entweder sie sich so gemein und unwürdig verhalten, dass diese Liebe nicht stark genug sein wird, oder in der es unsere Liebe zulässt, dass sie uns gängeln und dazu bringen,

Dinge zu tun, die der Herr nicht von uns möchte.

Die grundlegende Anforderung und Qualifikation, die allen anderen vorausgeht, ist echte Hingabe an den Herrn Jesus Christus. Wenn wir diese Hingabe haben, sagt er zu uns: „Jetzt gebe ich dir den Auftrag, ein Hirte meiner Schafe zu sein.“ Ich habe schon so oft erlebt, wie Menschen in diesem Dienst auf Abwege gerieten, weil sie versuchten, ihn mit einer Art zweitklassiger, menschlicher Sympathie oder emotioneller Zuneigung zu bewältigen, die in schweren Zeiten einfach keinen Bestand hat. Das sind die Zeiten, in denen das Volk Gottes undankbar und gemein ist, in denen es Sie kritisiert, hinter Ihrem Rükken schlecht über Sie redet und nicht wertschätzt, was Sie für es tun. Wenn Sie dann nichts Höheres haben als diese Liebe zu ihnen, werden Sie die schweren Zeiten nicht durchstehen. Doch die Hingabe an den Herrn selbst wird die Prüfungen bestehen, wird Sie durchtragen und Sie treu sein lassen.

*****

Nachdem wir diese Grundlage gelegt haben, untersuchen wir nun, welche Charaktereigenschaften die Bibel für einen Hirten oder Ältesten fordert. Jemand, auf den all diese Punkte zu hundert Prozent zutreffen, ist ohne Frage ein herausragender Charakter.

Die Auflistungen der Charaktereigenschaften finden wir in 1. Timotheus 3,1-7 und Titus 1,5-9. Wir werden diese Passagen nicht vollständig lesen, sondern nur im Überblick behandeln. Wenn es Sie interessiert, dann lesen Sie eine traditionelle Übersetzung und dazu zwei oder drei moderne Übersetzungen dieser Stellen und Sie bekommen eine ziemlich umfassende Vorstellung von diesen Charaktereigenschaften. Ich habe versucht, den Gehalt dieser Stellen zusammenzufassen und möchte meine Zusammenfassung unter drei verschiedene Überschriften stellen:

- persönlicher Charakter

- familiäre Situation

- geistliche Fähigkeit

Das soll nicht mehr als eine Zusammenfassung sein; vermutlich könnte man sie noch verbessern, wenn man sich näher damit beschäftigen würde.

Betrachten wir zunächst den **persönlichen Charakter**. Es werden folgende positive Anforderungen genannt:

Er muss untadelig sein. Für den Anfang schon sehr bemerkenswert, nicht wahr? Mit anderen Worten: Es darf nichts Offensichtliches und Hartnäckiges in seinem Leben geben, über das jemand anderer sagen könnte: „Wenn dieser Mann Ältester werden soll, dann sollte er dies nicht mehr sein oder tun."

Weitere Charakteristika: *wachsam, geduldig, Selbstkontrolle übend, gerecht, heilig, jemand, der das Gute liebt.*

Dann werden negative Eigenschaften genannt, die man an ihm nicht finden darf. Er darf nicht *eigensinnig, geldgierig, habsüchtig, jähzornig, gewalttätig und trunksüchtig* sein.

Hinsichtlich seiner **familiären Situation** stellt die Schrift meines Erachtens drei Punkte heraus:

Er muss *der Mann einer Frau* sein - und ich füge gerne hinzu: „nicht die Frau eines Mannes...". Die Bibel erwähnt mit keinem Wort, dass eine Frau dieses Amt bekleiden könnte. Es gibt viele wunderbare und aufregende Dienste, die Frauen innerhalb des Leibes Christi tun können. Ich gehöre nicht zu denen, die sagen, Frauen hätten kein Recht zu predigen oder zu prophezeien. Ich glaube sehr wohl, dass sie das haben. Aber es gibt eine Position, die eine Frau meiner Meinung nach nie innehaben sollte, und das ist - wie ich es verstehe - die Position eines Hirten bzw. Ältesten bzw. Aufsehers in der Ortsgemeinde. Ich weiß, dass meine Frau diese Dinge genauso sieht.

Ich erwähne dies, weil ich in jüngerer Zeit des öfteren in Städte kam, in denen wie aus dem Nichts ein Apostel aufgetaucht war; dieser war durch die Stadt gereist, hatte an fünf Gebetstreffen teilgenommen und dabei vier oder fünf Älteste ernannt, von denen einige Frauen waren. (Einige von ihnen wurden dabei nicht einmal von ihren eigenen

Ehemännern unterstützt.) Meiner Auffassung nach ist das eine Parodie der Heiligen Schrift.

Der zweite Punkt zur familiären Situation: *Sein Heim und seine Kinder müssen seiner Disziplin unterstehen.*

Drittens: *Er muss bereit und in der Lage sein, Gastfreundschaft zu üben*. Es geht nicht nur um die Bereitschaft, sondern auch um die Fähigkeit. Wenn die Kinder nicht seiner Disziplin unterstehen, kann dieser Mann gar nicht gastfreundlich sein. Ich war schon bei Familien zu Hause, bei denen man kein durchgehendes, intelligentes Gespräch führen konnte, weil die Kinder solchen Krach machten und ständig stritten, so dass man kaum fünf Worte wechseln konnte, ohne unterbrochen zu werden. Vieles hängt von der ganzen Atmosphäre im Haus ab.

Viertens: *Er muss Ansehen in der Gesellschaft genießen.* Das ist ganz wesentlich. Der Leiter der Ortsgemeinde muss diese Gemeinde vor den Menschen, die keine Christen sind, würdig vertreten. Auch in diesem Punkt musste ich erleben, wie Fehler gemacht wurden. Ein Mann, der Alkoholiker ist und seine Frau schlägt, bekehrt sich auf wunderbare Weise und bekommt wenige Tage später schon eine Position innerhalb der Gemeinde zugeteilt. Danken wir Gott für seine wunderbare Bekehrung, doch man kann nicht erwarten, dass die Welt recht viel davon hält. Dieser Mann muss sich bewähren und seinen neuen Lebenswandel unter Beweis stellen und so die Anerkennung der Gesellschaft bekommen, bevor er in eine solche Position gebracht wird.

Nun zu seiner **geistlichen Fähigkeit**. Wir hielten bereits fest, dass *er fest in der Lehre gegründet* sein und auch *in der Lage sein muss, andere zu lehren*. Ich denke, das ist eine ziemlich genaue Zusammenfassung der einzelnen Qualifikationskriterien.

*****

Gehen wir nun weiter zur Ernennung von Ältesten - ein sehr interessantes und in vielerlei Hinsicht aktuelles Thema. In Apostelgeschichte 14,23 lesen wir, was Paulus und Barnabas auf der Rückkehr von ihrer ersten Missionsreise taten:

„Als sie ihnen aber in jeder Gemeinde Älteste gewählt hatten, beteten sie mit Fasten und befahlen sie dem Herrn...“

Paulus und Barnabas hatten diese Leute zum Herrn geführt. Sie waren die einzigen, deren Dienst diese Gläubigen kannten. Es war deshalb ganz natürlich, ja eigentlich unausweichlich, dass es auch Paulus und Barnabas waren, die die Leiter einsetzten.

Paulus und Barnabas waren auch Apostel. Wir können daraus das Prinzip ableiten, dass es zum Dienst eines Apostels gehört, Älteste einzusetzen. Wir müssen jedoch darüber hinausgehen und sagen, dass diese Vorgehensweise in diesem Fall schlicht und einfach auch dem gesunden Menschenverstand entsprach: Für diese Neubekehrten hätte niemand anderer die Ernennung von Leitern vornehmen können, als jene, die ihnen das Wort Gottes gebracht und sie zum Herrn geführt hatten.

In Titus 1,5 wird diese Wahrheit noch weiter vertieft. Wir sahen bereits, dass Titus im Neuen Testament als Apostel beschrieben wird. Damals war er ein Mitarbeiter des Paulus, und Paulus sagt über Titus, der sich zu jener Zeit auf der Insel Kreta aufhielt:

„Deswegen ließ ich dich in Kreta zurück, damit du, was noch mangelte, in Ordnung bringen und in jeder Stadt Älteste anstellen [oder „einsetzen“] *solltest, wie ich dir geboten hatte...“*

Die Einsetzung der Ältesten war also Titus überlassen, doch er tat es in gewisser Hinsicht auch als Vertreter des Paulus. Mit anderen Worten: In gewissem Maße stand die Autorität des Paulus hinter Titus. Daran erkennen wir, dass sich die Autorität eines Apostels nicht nur darauf beschränkt, Älteste in Gemeinden zu ernennen, die durch seinen Dienst ins Leben gerufen wurden; vielmehr geht der Dienst eines Apostels sogar so weit, dass er ganz allgemein die Ordnung in Ortsgemeinden wiederherstellt und bewahrt.

Wir dürfen dies jedoch nicht nur mit menschlichen Augen betrachten; vielmehr gilt es zu erkennen, dass hinter jeder Person, die diese

Einsetzung vornimmt, der Wille, die Gedanken und die Autorität Gottes stehen müssen; wenn nicht, erfolgt die Einsetzung umsonst.

In Apostelgeschichte 20,28 lesen wir, was Paulus zu den Ältesten von Ephesus sagt, und da diese eine Frucht seines Dienstes waren, ist es meines Erachtens sehr wahrscheinlich, dass die meisten, wenn nicht sogar alle von ihnen, von Paulus höchstpersönlich eingesetzt worden waren. Doch in diesem Vers sagt Paulus nicht: „Ich habe euch als Älteste eingesetzt", sondern „*Der Heilige Geist* hat euch als Älteste eingesetzt." Lesen wir die Stelle:

„Habt acht auf euch selbst und auf die ganze Herde, in welcher der Heilige Geist euch als Aufseher gesetzt hat..."

Hier wird die Verantwortung für die Einsetzung direkt dem Heiligen Geist übertragen. Der Heilige Geist setzt die Ältesten oder Aufseher ein.

Wie ich die Bibel verstehe, ist Christus das Haupt über alles der Gemeinde, aber er agiert innerhalb der Gemeinde durch den Heiligen Geist. Wenn man sich also das vollständige Bild betrachtet, werden Einsetzungen innerhalb der Gemeinde von Christus durch den Heiligen Geist mit Hilfe menschlicher Werkzeuge vorgenommen. Wir stellen immer wieder fest, dass sich der Heilige Geist innerhalb des Leibes Christi menschlicher Werkzeuge bedient. Dennoch steht hinter diesen Werkzeugen die Autorität Gottes, sofern diese im Gehorsam gegenüber dem Willen Gottes agieren.

Die Apostelgeschichte heißt im englischen beispielsweise „Taten der Apostel". Jemand sagte einmal, sie müsste eigentlich „Taten des Heiligen Geistes" heißen. Ich verneine dies, denn der Heilige Geist hätte all das nie tun können, wenn er nicht Menschen gehabt hätte, durch die er es tun konnte. Aus diesem Grund sucht er sich menschliche Werkzeuge. Doch hinter den menschlichen Werkzeugen steht die Autorität des Geistes Gottes und hinter dem Geist Gottes steht das Haupt der Gemeinde - Jesus Christus.

1. Korinther 12,28 macht deutlich, dass im Endeffekt jede Person, die innerhalb des Leibes Christi in irgendeinen Dienst oder irgendein

Amt eingesetzt wird, von Gott selbst eingesetzt wird.

„Und die einen hat Gott in der Gemeinde gesetzt erstens zu Aposteln, zweitens andere zu Propheten, drittens zu Lehrern..."

Die letztendliche Autorität für jede Einsetzung innerhalb der Gemeinde ist die Autorität Gottes. Aber er agiert durch Jesus Christus mittels des Heiligen Geistes und unter Einbeziehung menschlicher Werkzeuge. Mit anderen Worten: Es besteht eine wechselseitige Abhängigkeit zwischen Gott und den menschlichen Werkzeugen.

Jemand sagte einmal über das Zungenreden (und das ist nur ein Beispiel): „Du kannst es nicht ohne Gott tun, und Gott kann es nicht ohne dich tun". Dies gilt für viele, viele Bereiche des geistlichen Lebens; dies gilt für viele geistliche Dienste. Sie können es nicht ohne Gott tun, aber Gott kann es auch nicht ohne Sie tun. Gott hat sich bewusst von menschlichen Werkzeugen abhängig gemacht, um seinen Willen in die Tat umzusetzen. Wir sehen das menschliche Werkzeug und erkennen es an, aber wir müssen auch über das menschliche Werkzeug hinaus auf den allmächtigen Gott sehen, der in diesen Dingen die letztendliche Autorität hat.

*****

Ich komme nun zu folgender Schlussfolgerung: Die Ernennung von Ältesten vereint zwei Dinge in sich.

1. Man muss die Männer erkennen, die der Heilige Geist auf diesen Dienst vorbereitet hat.

2. Man muss die Maßstäbe der Schrift kennen und anwenden.

Die Ernennung bzw. Einsetzung erfolgt nicht durch eine dramatische, prophetische Offenbarung, sondern durch einen geheiligten gesunden Menschenverstand in Verbindung mit einer Empfänglichkeit für den Heiligen Geist, einer Fähigkeit zu erkennen, was der Heilige Geist im Leben von Männern und Frauen tut. Es ist nicht so, dass jemand aus heiterem Himmel ein prophetisches Wort gibt, in dem es heißt: „Du bist zum Ältesten berufen usw." Das wäre eine absolute

Karikatur der biblischen Vorgehensweise.

Ich betone diesen Punkt, weil ich persönlich Situationen erlebt habe, in denen genau das geschah: Ein Mann war drei oder vier Tage lang zu Gast in einer Stadt, ging von Gemeinde zu Gemeinde und ernannte Älteste, und dann verließ er die Stadt wieder. Dies widerspricht der biblischen Vorgehensweise vollkommen. Der Mann, der die Einsetzung vornimmt, muss die Kandidaten kennen; er muss ihr Leben kennen; er muss beurteilen können, ob sie den Anforderungen gerecht werden können oder nicht. Er muss wissen, was der Heilige Geist darüber denkt und die Frage beantworten können, ob die Kandidaten Männer sind, die der Heilige Geist bereits auf diesen Dienst vorbereitet.

Das Neue Testament macht deutlich, dass ein Ältester erst dann seine volle Funktion in der Ortsgemeinde ausübte, nachdem er konkret als Ältester anerkannt worden war. Es gibt sehr viele Schriftstellen, die dies verdeutlichen wie z.B.: *„Ist jemand krank unter euch? Er rufe die Ältesten der Gemeinde zu sich...“* Dieser Vers belegt, dass man davon ausging, dass jeder Christ wusste, wer seine Ältesten sind und an wen er sich in einer solchen Situation zu wenden hatte. Es besteht kein Zweifel darüber, dass ein Mann - auch wenn er voll qualifiziert ist, das Herz dazu hat und vom Heiligen Geist schon vorbereitet wurde - erst dann diese Funktion vollständig ausüben kann, wenn er offiziell in der Gemeinde eingesetzt worden ist. Diese Anerkennung verleiht ihm die letztendliche Autorität, die er braucht, um seine Funktion auszuüben.

Deshalb komme ich zu dem Schluss, dass wir nur dann eine gültige, neutestamentliche Ältestenschaft innerhalb des Leibs Christi sehen werden, wenn wir bereit sind, sie anzuerkennen, sie beim richtigen Namen zu nennen und alles zu tun, was damit zusammenhängt. Wenn wir damit anfangen, beginnt im Grunde eine richtige Revolution. Doch je mehr ich mich damit beschäftige, desto mehr gelange ich zu der Überzeugung, dass wir diese Grundlagen und Vorgehensweisen nicht übergehen können. Es ist nichts anderes als geistliche Feigheit, wenn man sich weigert, sich diesen Mangel einzugestehen, und der Leib Christi wird Schaden leiden, wenn wir nicht konsequent das tun, was Gott uns aufgetragen hat.

*****

Abschließend untersuchen wir noch ein paar weitere Gesichtspunkte. Wie steht es um die Entlohnung von Ältesten? Wie werden sie bezahlt? Manche Leute meinen, Geld sei nicht so wichtig, aber ich gehöre nicht zu ihnen. Abgesehen davon reden diese Leute meistens nur in der Gemeinde so. Sobald sie im Alltag stehen, reden sie ganz anders. Die Bibel redet in diesem Punkt auch ganz anders.

Lesen wir noch einmal unsere Ausgangsstelle 1. Timotheus 5,17-18:

„Die Ältesten, die gut vorstehen, laß doppelter Ehre würdig geachtet werden, besonders die in Wort und Lehre arbeiten. Denn die Schrift sagt: ‚Du sollst dem Ochsen, der da drischt, nicht das Maul verbinden' und: ‚Der Arbeiter ist seines Lohnes wert.'“

Zweifellos spricht Paulus hier von der finanziellen und materiellen Entlohnung derjenigen, die diesen Verantwortungsbereich haben.

Das Wort „Ehre“ bezieht sich im Neuen Testament nicht nur auf eine Verbeugung oder eine Auszeichnung, sondern auch auf etwas ganz Praktisches und mit den Händen Greifbares. Ich will Ihnen das kurz zeigen. Lesen wir Apostelgeschichte 28,10. Paulus und seine Begleiter hatten vor der Insel Malta Schiffbruch erlitten und es hatte ein Heilungsdienst begonnen. Die Menschen waren dankbar, und es heißt in Vers 10:

„...diese erwiesen uns auch viele Ehren, und als wir abfuhren, luden sie uns auf, was uns nötig war.“

Es ist völlig klar, dass diese „vielen Ehren“ Dinge waren, die man ihnen aufladen konnte. Mit anderen Worten: Sie gaben ihnen Waren, Nahrung und Kleidung, alles, was sie in materieller und physischer Hinsicht benötigten.

Wenn man in einer eher primitiven Gesellschaftsordnung wie in Afrika im geistlichen Dienst steht, bekommt man sehr oft nach einem Predigttermin ein Huhn oder Maiskolben oder Kaffeebohnen, die man sich dann selbst mahlen kann, oder dergleichen. Das sind „Ehren", aber es sind ganz praktische und notwendige „Ehren". In dieser Gesellschaftsordnung sind es solche Dinge, die einen am Leben erhalten.

In Matthäus 15,4-6 verwendet Jesus selbst das Wort „Ehre" in diesem Sinne. Jesus tadelt seine religiösen Zeitgenossen wegen ihrer Scheinheiligkeit und sagt:

> *„Denn Gott hat geboten und gesagt: „Ehre den Vater und die Mutter!"... Ihr aber sagt: Wenn jemand zum Vater oder zur Mutter spricht: ‚Eine Opfergabe sei das, was dir von mir zunutze kommen könnte', der braucht seinen Vater oder seine Mutter nicht zu ehren..."*

Das war ein Schlupfloch. Die Menschen mussten ihre Eltern versorgen und sich um sie kümmern, aber sie sagten voll religiöser Scheinheiligkeit zu ihnen: „Ich habe das, was du von mir hättest bekommen sollen, dem Herrn geweiht, deshalb kannst du es nicht haben." Das ist ihr Schlupfloch.

Jesus sagt: „Ihr Heuchler." Aber wir halten fest, dass er im Zusammenhang mit der finanziellen und materiellen Unterstützung der Eltern davon spricht, dass man ihnen „Ehre erweist". Das Wort „Ehre" hat demnach auch diese Konnotation; es umfasst nicht ausschließlich, aber auch materielle und finanzielle Unterstützung. Und vor exakt diesem Hintergrund sagt Paulus: *„Die Ältesten, die gut vorstehen, laß doppelter Ehre würdig geachtet werden, besonders die in Wort und Lehre arbeiten. Denn die Schrift sagt: ‚Du sollst dem Ochsen, der da drischt, nicht das Maul verbinden' und: ‚Der Arbeiter ist seines Lohnes wert.'"*

Ich lege großen Wert auf diesen Punkt, denn ohne jeden Zweifel wird das Werk des Herrn unterminiert, wenn die finanzielle Unterstützung derjenigen, die in den vollzeitlichen Dienst gehen, nicht gewährleistet ist. Auf diese Weise wird das Werk des Herrn ganz sicher aufgehalten.

Auch in 1. Korinther 9,7-14 behandelt Paulus diese Frage. Wir brauchen nicht alle Verse zu lesen, sondern lediglich die Kernaussagen festzuhalten. Sie können den ganzen Text, wenn sie möchten, für sich selbst lesen. Paulus sagt:

> *„Wer tut jemals Kriegsdienste auf eigenen Sold?* [Kein Soldat, der in den Kampf zieht, muss sich selbst finanziell versorgen. Er wird immer von denen bezahlt, für die er kämpft.] *Wer pflanzt einen Weinberg und ißt dessen Frucht nicht?* [Jeder, der einen Weinberg besitzt und seine Arbeit hineinsteckt, isst auch dessen Frucht.] *Oder wer hütet eine Herde und ißt nicht von der Milch der Herde?* [Er schlachtet die Herde nicht, aber zumindest trinkt er ihre Milch. Er nimmt etwas für seine eigene Versorgung. Vers 14:] *...So hat auch der Herr denen, die das Evangelium verkündigen, verordnet, vom Evangelium zu leben."*

Das ist eine Verordnung Gottes: Wer seine Zeit in den Dienst am Evangelium und am Volk Gottes stellt, wer so viel Zeit dafür aufbringt, dass er sich nicht zusätzlich auch noch seinen Lebensunterhalt verdienen kann, soll von den Menschen versorgt werden, denen er dient. Das entspricht dem gesunden Menschenverstand. Aber ich möchte diesen Punkt dennoch festhalten, denn in bestimmten Teilen des Leibes Christi, zum Beispiel bei den Plymouth Brethren, ist man stolz darauf, keine bezahlten geistlichen Dienste zu haben. Ich habe jedoch erlebt, dass dies die Effektivität der Diener Gottes letztendlich gewaltig einschränkt.

Wenn ein Mann nicht seine ganze Zeit dafür verwendet, als Hirte oder Ältester zu dienen, braucht er vermutlich auch keine volle Entlohnung dafür. Oder wenn ein Mann noch eine andere Einnahmequelle hat und unabhängig ist, braucht er vermutlich auch keine volle Entlohnung für seinen Dienst. Die Entlohnung entspricht dem, was der Mann braucht, und wieviel Zeit er für den Dienst aufwendet. So sollte das gehandhabt werden. Doch wenn er viel Zeit mit der Lehre des Wortes zubringt, muss man es ihm entgelten. Dieses Prinzip ist klar.

*****

Zum Abschluss noch ein Punkt, den ich nicht deutlich genug sagen kann: Es ist ein Prinzip, dass Schafe einen Hirten haben müssen; Schafe ohne Hirten werden der Bibel zufolge „zerstreut, schwach und ein Opfer wilder Tiere".

Ich finde das hochinteressant. Eine Rinderherde kann man unbeaufsichtigt lassen, doch eine Schafherde braucht jemanden, der auf sie aufpasst. Das ist meiner Meinung nach ein Grund, warum es beispielsweise in den Vereinigten Staaten viel mehr Rinder als Schafe gibt. Es muss noch andere Gründe haben, aber in Großbritannien ist das anders. Dort essen die Menschen hauptsächlich Schaffleisch und nicht Rindfleisch.

Als ich zum ersten Mal in die USA kam, verstand ich gar nicht, warum man so selten Schafe sah. Aber dann wurde mir klar, dass es viel Geld kostet, einen Mann anzustellen, der sich um ein paar Schafe kümmert. Und die Bibel belegt, dass Schafe, die keinen Hirten haben, sich zerstreuen. Sie werden krank, schwach, verirren sich und werden eine leichte Beute für wilde Tiere. Es gibt eine ganze Reihe von Bibelstellen, die diesen Punkt deutlich machen.

Damit kommen wir zu einer persönlichen Verpflichtung, die jeder Christ hat: Sie müssen entweder selbst Hirte sein oder einen Hirten haben. Das ist meines Erachtens ein neutestamentliches Prinzip. Sie müssen entweder selbst den Dienst eines Hirten ausüben oder dem Dienst eines Hirten unterstehen. Die Möglichkeit, dass ein Schaf auch ohne Hirte leben könnte, kennt das Neue Testament nicht.

Wenn man sich heute in diesem Land umschaut, sieht man Tausende und Abertausende Menschen, die keinen Hirten haben, keinen Hirten anerkennen und auch selbst keine Hirten sind. Deshalb sind sie auch zerstreut, verirrt, schwach und eine leichte Beute für alle möglichen Betrüger, die falschen Propheten und die wilden Tiere, die sich vom Volk Gottes ernähren, sofern es schutzlos ist.

*****

Schließen wir mit einem Statement aus Apostelgeschichte 11,26.

Vielleicht erkennen Sie den springenden Punkt dieser Stelle nicht auf Anhieb. Ich möchte Ihnen erläutern, wie ich sie verstehe. Wir brauchen nur den letzten Satz von Apostelgeschichte 11,26 zu lesen: „Die Jünger wurden zuerst in Antiochia Christen genannt." Das ist für mich eine Definition. Ein Christ ist ein Jünger. Jemand, der kein Jünger ist, hat kein Recht, „Christ" genannt zu werden. Und im Englischen ist ein „Jünger" ein „disciple", also jemand, der unter „discipline" - „Disziplin" - steht. Das ist in dem Wort selbst schon beinhaltet. Innerhalb des Leibes Christi muss Disziplin herrschen. Es muss solche geben, die Regierung ausüben, und solche, die regiert werden. Man braucht für beides - für das Regieren und für das Regiertwerden - die Gnade Gottes. Doch in meinen Augen ist es ein Prinzip, dass sich jemand, der nicht bereit ist, regiert zu werden, nie selbst fürs Regieren qualifizieren kann.

Kapitel 2: Der Alltag einer Ortsgemeinde, Teil 1

In diesem Kapitel möchte ich Ihnen anhand neutestamentlicher Berichte einen Eindruck vom Alltag einer Ortsgemeinde vermitteln.

Vor einiger Zeit erkannte ich, dass ich als Prediger ständig Menschen in etwas hineinpredigte, ihnen jedoch nie sagte, was sie zu tun hätten, sobald sie einmal „drin" wären. Ich beschäftigte mich ständig mit den grundlegenden Erfahrungen, die die Menschen in das neue Leben hineinführten, gab ihnen jedoch keine Hilfestellung oder Hinweise, wie sie dieses neue Leben in die Praxis umzusetzen hätten, sobald sie es einmal erlangt haben.

Ich denke, dass in unserer Generation Prediger vieler Sparten der Christenheit diesen Fehler gemacht haben. Das hatte zur Folge, dass wir viele Menschen in etwas hineingeführt haben, sie jetzt jedoch nicht wissen, wo sie da hineingekommen sind, wie sie den Situationen begegnen sollen, mit denen sie nun konfrontiert werden, ja eigentlich wissen sie gar nicht so recht, warum sie überhaupt da hineingekommen sind.

Aus diesem Grund möchte ich mich damit beschäftigen, wie der Alltag einer Ortsgemeinde aussieht. Natürlich ist das nur ein kurzer Abriss mit dem Ziel, bestimmte grundlegende Prinzipien herauszuarbeiten.

Vorab werfen wir jedoch einen kurzen Blick auf drei „Initiationserfahrungen", wie ich sie nennen möchte, drei einzelne, einmalige Erfahrungen, die die Tür oder den Zugang zur Ortsgemeinde und zum Alltag eines Christen bilden. Sehen wir uns an, was die Bibel über diese drei einführenden Schritte zu sagen hat.

Ich möchte gerne Apostelgeschichte 2,37-38 an den Anfang stellen. Die Menschen hatten die Pfingstpredigt des Petrus gehört, waren überführt worden, hatten erkannt, dass sie Sünder waren, dass sie nicht mit Gott versöhnt waren, dass sie nicht richtig lebten und wollten nun wissen, was Gott von ihnen fordert, um ihr Leben in Ordnung zu bringen, mit ihm versöhnt zu werden und seinem Willen zu entsprechen. Wir lesen, welche Frage sie stellten, und welche Antwort ihnen Petrus darauf gab. Ich glaube, dass Petrus bei seiner Antwort vom Heiligen Geist inspiriert wurde und mit dieser Antwort Gottes Antwort gab. Er war das Sprachrohr der Gemeinde und gleichzeitig auch das Sprachrohr Gottes. Es heißt hier:

> *„Als sie aber das hörten, drang es ihnen durchs Herz, und sie sprachen zu Petrus und den anderen Aposteln: Was sollen wir tun, ihr Brüder? Petrus aber sprach zu ihnen: Tut Buße, und jeder von euch lasse sich taufen auf den Namen Jesu Christi zur Vergebung eurer Sünden, und ihr werdet die Gabe des Heiligen Geistes empfangen.“*

In meinen Augen ist das eine vollständige und umfassende Antwort. Dennoch glaube ich, dass im Leib Christi beim Versuch, diese Frage zu beantworten, das meiste, von dem, was Petrus sagte, weggelassen wird. In den meisten Gemeinden würde der Versuch, diese Frage biblisch zu beantworten, so aussehen: „Tut Buße und glaubt.“ In einer Baptistengemeinde würde man noch dazusagen: „Und in zwei Wochen haben wir dann einen Taufgottesdienst. Vielleicht möchtet ihr euch dann taufen lassen.“ In einer Pfingstgemeinde würde man den Leuten noch sagen: „Es gibt noch etwas, das darüber hinausgeht, eine Erfahrung, die man als ‚Taufe im Heiligen Geist', als ‚Zungenreden', bezeichnet. Ihr solltet euch dafür interessieren.“

Petrus hat den Sachverhalt ganz anders dargestellt. Er präsentierte den Menschen ein umfassendes Paket. Sie fragten: „Was sollen wir tun?“ Er erwiderte: „Holt euch alles. Tut Buße, lasst euch in Wasser taufen, empfangt den Heiligen Geist.“ Und wie ich die Bibel verstehe, haben diese Leute auch alles bekommen. Die meisten, wenn auch nicht alle, bekamen an jenem Tag das ganze Paket auf einmal. Nichts wurde hinausgeschoben. Und ich glaube, dass Gott es so will und dass sich seine Antwort auf diese Frage bis auf den heutigen Tag nicht geändert hat: Wenn ein Sünder zu Gott kommt und bereit ist, von ihm eine Antwort zu bekommen, die mit der vom Heiligen Geist eingegebenen Heiligen Schrift übereinstimmt, bekommt er heute noch genau dieselbe Antwort: „Tu Buße, lass dich in Wasser taufen, empfange den Heiligen Geist." Das ist Gottes Antwort.

Die Bibel formuliert es sehr eindringlich: „Tut Buße!" Die hier verwendete griechische Zeitform bedeutet eigentlich: „Tu etwas einmal und dann nie wieder." Im Neuen Testament finden wir keine Lehre über kontinuierliche Buße. Ein Mensch, der recht lebt, sollte nicht ständig Buße tun müssen; wenn ein Mensch ständig falsch handelt, ist es natürlich besser, kontinuierlich Buße zu tun, als gar nicht; dennoch sollte das Leben eines Gläubigen nicht so aussehen.

Im Griechischen ist der Sprachgebrauch definitiv und absolut: „Tut Buße! Das ist es. Ändert euer Denken. Hört auf, das Falsche zu tun, und fangt an, das Richtige zu tun. Wendet euch vom Teufel ab; wendet euch Gott zu. Gehorcht Gott; ordnet euch Gott unter." All das steckt in diesem Wort „Buße". Es ist eine Entscheidung.

Viele, viele Christen halten Buße für eine Gefühlsregung. Sie kommen in der Gemeinde nach vorne und versuchen, irgendwelche Emotionen zu erzeugen. Dann fragen sie sich, ob sie es haben. Am nächsten Tag zeigt ihr Leben in aller Regel recht deutlich, dass sie es nicht haben. Das ist auf falsche Lehre zurückzuführen. Es heißt nicht: „Sei emotionell!", sondern: „Triff einen festen Entschluss!" Die wörtliche Bedeutung von „Buße tun" heißt, „sein Denken ändern". „Hör auf, so zu leben, wie du bisher gelebt hast, und fang an, anders zu leben." Jemand sagte einmal, Buße heißt, etwas anders machen als vorher. Das ist eine ziemlich gute Definition. Wenn jemand etwas nicht anders macht als vorher, kann er zwar sagen, er hätte Buße getan, aber es stimmt nicht.

Der zweite Punkt ist die Wassertaufe. Die Bibel ist hier ganz klar: *„...und jeder von euch lasse sich taufen auf den Namen Jesu Christi zur Vergebung eurer Sünden..."* oder „in die Vergebung eurer Sünden hinein". Die Wassertaufe war in der Urgemeinde die öffentliche Anerkennung dessen, dass jemand an Jesus Christus glaubt und Vergebung für seine Sünden empfangen hat. Sie war nicht Voraussetzung für die Sündenvergebung, sondern der Beleg, dass diese Person die Vergebung ihrer Sünden in Anspruch genommen hatte und dies von den Leitern der Gemeinde anerkannt worden war.

Ich sagte schon an früherer Stelle, die Taufe sei die menschliche Bestätigung dafür, dass der Betreffende nun für eine Mitgliedschaft in der Gemeinde in Frage kommt. Die Geistestaufe ist hingegen die göttliche Bestätigung. Sie ist ein Siegel, das dem Betreffenden als Mitglied des Leibes aufgedrückt wird; beide Siegel, beide Bestätigungen sollten ganz am Anfang unseres Lebens als Christ stehen. Ein Mensch sollte von denen, die bereits in der Gemeinde sind und Leiterschaft ausüben, durch den Akt der Wassertaufe anerkannt werden; und er sollte vom Haupt der Gemeinde durch das übernatürliche Siegel des Heiligen Geistes anerkannt werden.

Paulus sagt in Epheser 1,13-14: *„In ihm seid auch ihr, nachdem ihr... gläubig geworden seid, versiegelt worden mit dem Heiligen Geist der Verheißung."* In diesem Sinne ist die Taufe im Heiligen Geist ein Siegel, ein übernatürliches Siegel, das jemandem vom Haupt des Leibes, Jesus Christus, aufgedrückt wird, und bestätigt, dass diese Person nun zum Leib gehört. Ich will damit nicht sagen, der Betreffende gehöre nicht zum Leib, wenn er dieses Siegel nicht hat; er kann dazugehören, auch ohne versiegelt zu sein, doch das Siegel ist Teil des umfassenden Pakets, das das Neue Testament für diese Person vorsieht. Gott fordert also folgendes: „Tu Buße, lass dich taufen und empfange den Heiligen Geist - werde im Geist getauft."

Wenn man in der Apostelgeschichte nachliest, stellt man fest, daß jeder Neubekehrte, der das Heil durch den Glauben an Jesus Christus für sich in Anspruch nahm, innerhalb weniger Stunden nach seiner Bekehrung getauft wurde. Es stand außer Frage, die Taufe hinauszuschieben. In Apostelgeschichte 16 bekehrte sich der Kerkermeister von Philippi um Mitternacht und wurde noch vor Tagesanbruch getauft. In Apostelgeschichte 18 wollte der Kämmerer aus Äthiopien seine Reise nach Gaza gar nicht fortsetzen. Er sah einen Teich neben der Straße und sagte: „Sieh nur, da ist Wasser. Was hindert mich daran, gleich jetzt getauft zu werden?“ Das entspricht der generellen Vorgehensweise im Neuen Testament, und ich sehe eine Zeit kommen, in der der Leib Christi wieder zu diesem Vorbild zurückkehrt. Ja, ich sehe jetzt schon Anzeichen dafür, dass wir diesem Vorbild schon sehr nahe gekommen sind.

Im Neuen Testament finden wir eine Bezugnahme zum Alten Testament, die dies sehr schön veranschaulicht. Lesen wir 1. Korinther 10,1-2:

> *„Denn ich will nicht, daß ihr in Unkenntnis darüber seid, Brüder, daß unsere Väter alle unter der Wolke waren und alle durch das Meer hindurchgegangen sind und alle in der Wolke und im Meer auf Mose getauft wurden...* [Vers 6:] *Diese Dinge aber sind als Vorbilder für uns geschehen...* [Vers 11:] *Alles dies aber widerfuhr jenen als Vorbild und ist geschrieben worden zur Ermahnung für uns, über die das Ende der Zeitalter gekommen ist.“*

Obwohl es sich hierbei um Begebenheiten aus der Geschichte des Alten Testaments handelt, wurden sie ganz speziell um unseretwillen aufgezeichnet, um uns, die wir am Ende dieser Zeitphase leben, als Verhaltensmaßstab und Glaubensvorbild zu dienen.

Die ersten beiden Vorbilder oder Sinnbilder, die uns vor Augen geführt werden, sind: „unter der Wolke sein“ und „durch das Meer hindurchgehen“. Das bezieht sich natürlich auf jene Zeit, als Israel aus Ägypten herausgeführt wurde und ans Rote Meer kam; die ägyptische Armee verfolgte sie und wollte sie wieder in die Knechtschaft zurückholen; dies gelang ihr nicht, weil sich eine übernatürliche Wolke - die offenbarte Gegenwart des allmächtigen Gottes - auf das Volk Gottes herabsenkte.

Bei genauerer Betrachtung von 2. Mose 14 stellt man fest, dass die Wolke vor dem Volk stand; doch als sich die ägyptische Armee von hinten näherte, zog die Wolke nach hinten und stellte sich die ganze

Nacht hindurch zwischen die Israeliten und die Ägypter. Am nächsten Tag teilte sich das Wasser des Roten Meeres auf wunderbare Weise, als Mose seinen Stab ausstreckte; die Kinder Israels stiegen hinab ins Wasser, gingen durch das Wasser hindurch und kamen auf der anderen Seite sicher wieder heraus. Die Ägypter wollten ihnen durch das Wasser folgen, Mose streckte seinen Stab aus, das Wasser ging wieder zusammen und alle Ägypter ertranken darin. In Hebräer 11 wird deutlich, dass die Israeliten durch das Wasser hindurchgehen konnten, weil sie glaubten; die Ägypter versuchten, es ihnen gleich zu tun, doch da sie nicht glaubten, ertranken sie. Die Voraussetzung, um durch das Wasser hindurchzugehen, war ihr Glaube.

Paulus bezeichnet diese beiden Begebenheiten als „Taufe". In 1. Korinther 10 finden wir die Interpretation, die Anwendung des alttestamentlichen Bilds auf die neutestamentliche Praxis. Alle unsere Vorväter waren unter der Wolke, alle gingen durch das Meer hindurch, alle wurden in der Wolke und im Meer auf Mose getauft. Mit anderen Worten: Die Wolke stellt eine Taufe dar und das Meer stellt eine Taufe dar. Vor dem Hintergrund neutestamentlicher Lehre und Erfahrung besteht kein Zweifel darüber, dass die Wolke für den Heiligen Geist steht und das Meer für die Wassertaufe und dass jedermann im Volk Gottes in diese übernatürliche Wolke, die sich über sie herabsenkte, eingetaucht wurde. Der Bericht ist sehr klar: Die Wolke stand vor ihnen und ging dann nach hinten über sie hinweg; also tauchten die Menschen in die Wolke ein, gingen durch sie hindurch und kamen dann wieder aus ihr heraus. Mit anderen Worten: Jeder Israelit tauchte tatsächlich und de facto in die Wolke ein.

Ich sagte schon einmal, dass man auf zweierlei Weise eintauchen kann. Man kann in einen Swimmingpool steigen und eintauchen, aber man kann sich auch unter die Niagarafälle stellen und eintauchen. Man kann in etwas eintauchen, indem man in etwas hinabsteigt; man kann aber auch eintauchen, indem etwas von oben auf einen herabkommt. Im Neuen Testament ist die Taufe im Heiligen Geist immer ein Eintauchen von oben. Immer, wenn in der Apostelgeschichte die Taufe im Heiligen Geist beschrieben wird, heißt es ausdrücklich, dass der Heilige Geist von oben herab auf die Menschen kam.

An Pfingsten heißt es, es hätte sich angehört, als sei ein mächtiger, rauschenden Wind vom Himmel gekommen; er sei vom Himmel herabgekommen und hätte den Ort, an dem sie sich aufhielten, erfüllt. Wenn man sich das vor Augen führt, wird klar, dass jeder in diesem Obergemach buchstäblich in den Geist Gottes eintauchte, der von oben herab über sie kam. Deshalb war es eine Taufe. Jeder Israelit wurde buchstäblich in die Wolke eingetaucht, die von oben herab über sie kam; der Herr selbst war in dieser Wolke, denn es heißt, der Herr hätte am nächsten Tag aus der Wolke heraus auf die Ägypter gesehen und ihnen Probleme bereitet; diese Wolke war also die offenbarte Gegenwart des allmächtigen Gottes, der selbst auf sein Volk herabkam.

Analog dazu stieg jeder Israelit in das Wasser, ging durch das Wasser hindurch und kam wieder aus dem Wasser heraus. Das war eines der deutlichsten und konkretesten Sinnbilder für die Wassertaufe.

Eine Gesamtschau der Befreiung Israels aus Ägypten macht klar, dass diese aus drei verschiedenen Erfahrungen bestand. Die erste wird zwar nicht in 1. Korinther 10, aber dafür an anderer Stelle dieses Briefs, nämlich in 1. Korinther 5, erwähnt, wo es heißt, Christus, unser Passah, sei für uns geopfert worden. Die vollständige Befreiung Israels aus Ägypten umfasste also drei verschiedene Erfahrungen:

- die Opferung des Passah und das damit einhergehende Blutvergießen

- die Taufe in der Wolke und

- die Taufe im Meer

Der Befreiungsprozess begann, als die Israeliten ihren Glauben in das Blut des Passahlammes investierten. Und wir wissen, dass Christus das Lamm ist, das für uns getötet wurde; der Glaube an sein Blut bringt uns Vergebung und Reinigung und Befreiung von den Folgen unserer Sünde.

Doch sobald die Israeliten ihren Glauben in das Blut investiert hatten, durften sie nicht länger in jenem Gebiet bleiben. Gott sagte zu ihnen: „Kommt sofort da heraus!“ Und sie verließen hastig, noch in derselben Nacht, diesen Ort mit gegürteten Lenden und ihrem Stab in der Hand; dasselbe gilt für den Sünder, der glaubt, dass ihm das Blut Jesu zur Reinigung und Vergebung gereicht. Gott sagt zu ihm: „Setz dich in Bewegung. Komm raus. Du kannst nicht länger dort bleiben. Du musst dieses Gebiet, das Territorium der Sünde, in dem du bislang gelebt hast, verlassen.“ Es ist ein dringender Appell.

In 2. Korinther 6 heißt es:

„Darum geht aus ihrer Mitte hinaus und sondert euch ab, spricht der Herr, und rührt Unreines nicht an, und ich werde euch annehmen und werde euch ein Vater sein, und ihr werdet mir Söhne und Töchter sein, spricht der Herr, der Allmächtige.“

Gott hat niemandem das Versprechen gegeben, sein Vater zu sein, sofern dieser in seinem sündhaften Zustand und seinem sündhaften Umfeld verharrt, nachdem er zum Glauben an das Blut Jesu Christi gekommen ist.

Doch die Befreiung Israels wurde nicht allein durch das Blut des Lammes bewirkt; erst die beiden Taufen ermöglichten die vollständige Befreiung. Die Wolke trennte Israel nur zeitweise, nur für eine Nacht, von seinen Feinden, den Ägyptern; es heißt, die Wolke sei für die Ägypter Finsternis, für die Israeliten hingegen Licht gewesen. Dasselbe gilt heute für den Heiligen Geist: Er ist Licht für die Gläubigen, aber Finsternis für die Ungläubigen.

Doch die letztendliche Trennung wurde nicht durch die Wolke, sondern durch das Wasser vollzogen. Erst indem das Volk Gottes durch das Wasser hindurchging, wurde es endgültig von den Ägyptern abgeschnitten; das Wasser tötete die Feinde und trieb sie zurück, so dass sie dem Volk Gottes nie wieder gefährlich werden konnten. Das entspricht der endgültigen Trennung des Gläubigen von der Welt. Es ist nicht der Glaube an das Blut, es ist nicht einmal die Taufe im Heiligen Geist, sondern es ist die Wassertaufe, die den Feind abschneidet und ihm das Recht nimmt, uns nachzustellen.

Im Befreiungsdienst sage ich oft zu den Leuten: „Wenn Gott dich befreit hat, du aber noch nicht in Wasser getauft bist, solltest du dich besser taufen lassen, denn sonst bleibt eine Tür offen, durch die dir die Ägypter nachstellen können. Und sie haben nach wie vor das Recht, dir zu folgen und sich an deine Fersen zu heften, bis du durch das Wasser hindurchgegangen bist und ihnen damit ihr Recht, dir zu folgen, genommen ist."

Das sind also die drei „Initiationserfahrungen", die man bereits im Alten Testament findet, und die im Neuen Testament angewandt werden: der Glaube an das Blut Jesu Christi, die Taufe im Heiligen Geist und die Wassertaufe.

Sehen wir uns 1. Korinther 10,2 noch einmal genauer an. Es ist interessant, dass Paulus hier nicht sagt: „Sie wurden alle in der Wolke getauft und sie wurden im Meer getauft", sondern vielmehr: „Sie wurden in der Wolke und im Meer getauft" - es war eine Taufe mit zwei verschiedenen Aspekten.

Petrus sagt in Apostelgeschichte 2,38: *„Tut Buße, und jeder von euch lasse sich taufen... und ihr werdet die Gabe des Heiligen Geistes empfangen."* Diese drei Dinge werden wie ein umfassendes Paket dargestellt. Und für mich steht es außer Frage, dass es die Christen der Urgemeinde auch genauso erlebten: Wenn sich ein Gläubiger in Wasser taufen ließ, aber noch nicht im Heiligen Geist getauft war, ging man davon aus, dass er mit der Wassertaufe auch die Geistestaufe empfangen würde. Ich habe das selbst in jüngerer Zeit des öfteren erlebt.

Im vergangenen Jahr nahm ich an einem Taufgottesdienst in einer Pfingstgemeinde teil. Es war ein viertägiges Seminar vorausgegangen, und zum Abschluss ließen sich 65 Menschen taufen, darunter etliche Katholiken. Soweit ich es beurteilen konnte, empfing jeder Katholik noch im Taufbecken die Taufe im Heiligen Geist, sofern er sie noch nicht gehabt hatte. Und ich dachte: „Warum sind diese Leute Katholiken?" Ich sagte mir: „Nun, sie Glauben an die Sakramente, und wenn man ihnen die Sakramente richtig erklärt, werden sie sie auch richtig erleben." Das ist das Sakrament: „Tu Buße, lass dich in Wasser taufen, empfange den Heiligen Geist." Das ist das Muster der göttlichen Vorgehensweise im Neuen Testament, und ich glaube nicht, dass Gott je davon abgewichen ist.

Ich habe es schon öfter gesagt: Die Vorstellung, Gott würde herumexperimentieren und uns dann eine erste Version vorlegen, die jedoch nicht gut genug ist, und im Anschluss daran noch eine zweite und dann eine dritte - diese Vorstellung ist meinem Denken völlig fremd. Wenn Gott etwas tut, ist es auf Anhieb richtig, und keine Modifikation stellt eine Verbesserung dar. Das gilt meines Erachtens für geistliche Dienste, für Gaben, für die Taufe im Heiligen Geist und für die Wassertaufe.

Das sind also die drei „Initiationserfahrungen", die einen Menschen aus Ägypten herausholen und seine Zugehörigkeit zum Volk Gottes belegen. Es heißt in 1. Korinther 10,2: „Sie wurden auf Mose getauft." Das heißt, sie wurden offiziell als die Menschen abgesondert oder gekennzeichnet, die Mose nachfolgten. Sie waren Mose schon nachgefolgt, bevor sie ans Rote Meer kamen, doch das Rote Meer kennzeichnete sie als Nachfolger Mose, und genau dasselbe bewirken die Taufe im Heiligen Geist und die Wassertaufe. Wir sind bereits Nachfolger Jesu Christi, aber die beiden Taufen sondern uns ab; sie sind charakteristische Erfahrungen, die uns auszeichnen und kennzeichnen und den Rückweg nach Ägypten versperren.

*****

Beschäftigen wir uns nun mit dem Alltagsleben einer neutestamentlichen Gemeinde. In Apostelgeschichte 2,41 heißt es:

> *„Die nun sein Wort [froh] aufnahmen, ließen sich taufen; und es wurden an jenem Tag etwa dreitausend Seelen hinzugetan."*

Mein Kommentar hierzu: Wenn Sie das Wort froh aufnehmen, werden Sie sich zwangsläufig auch taufen lassen. Die Menschen, die sich nicht taufen lassen, haben das Wort vielleicht aufgenommen wie es viele Menschen, die ich kenne, aufgenommen haben, aber sie haben es nicht mit frohem Herzen aufgenommen. Diejenigen, die das Wort mit frohem Herzen aufnehmen, werden sich taufen lassen.

Da ich ursprünglich aus der anglikanischen Kirche kam, kann ich in gewisser Hinsicht nachvollziehen, welchen Konflikt Menschen durchmachen, die in Bezug auf die Sakramente einen bestimmten Hintergrund haben und dann auf einmal mit der Wahrheit der Taufe durch Untertauchen konfrontiert werden. Doch wenn Sie das Wort froh aufnehmen, wird das Wort Ihre höchste Autorität sein und nicht die Tradition.

Welche Folgen hatte das in der Apostelgeschichte? Der 42. Vers ist meines Erachtens die offizielle neutestamentliche Erklärung, wie das regelmäßige Alltagsleben eines Christen aussieht. Beachten Sie, dass es im Englischen gleich am Anfang heißt: „sie fuhren fort". Nun lassen wir die ersten „Initiationserfahrungen", die nicht wiederholt werden müssen, hinter uns und gehen zum kontinuierlichen, täglichen Alltagsleben weiter:

> *„Sie fuhren beharrlich fort in der Lehre der Apostel und in der Gemeinschaft, im Brechen des Brotes und in den Gebeten."*

Das sind meines Erachtens die vier Grundfesten des täglichen Lebens eines neutestamentlichen Christen. Gehen wir sie der Reihe nach durch.

*****

Zunächst stoßen wir auf das Wort **Lehre**. „Lehre" steht, wie gesagt, nicht in erster Linie für ein unerschütterliches Regelwerk, sondern mehr für einen Prozess des Lehrens und Gelehrtwerdens. „Sie fuhren beharrlich fort in der Lehre der Apostel". Das erste Muss für alle, die zu Christus gekommen sind und in Wasser und in Geist getauft wurden, ist die regelmäßige, mit Autorität vorgetragene Lehre der Heiligen Schrift. Wenn sie das nicht bekommen, laufen sie häufig auf eine Katastrophe zu. Sie werden irgendwo in der Wüste umkommen; auch wenn sie Ägypten hinter sich gelassen haben, werden sie es nicht bis ins Verheißene Land schaffen, wenn sie keine gesunde Lehre bekommen.

Diese Katastrophe wiederholt sich in unserer Nation derzeit immer wieder. Die Menschen machen wunderbare Erfahrungen, bekehren sich, werden im Heiligen Geist getauft, doch sechs Monate oder zwei Jahre später sind sie irgendwo weit draußen in der Wüste, völlig abgeschlagen und haben kaum mehr Hoffnung, jemals das Verheißene Land zu erreichen, weil sie nie gesunde Lehre bekommen haben.

In Epheser 6,17-18 heißt es: *„Nehmt... das Schwert des Geistes, das ist Gottes Wort...“* und *„Mit allem Gebet und Flehen betet zu jeder Zeit im Geist...“* Ich glaube, dass wir eben durch die Geistestaufe in dieses „Beten im Geist“, in dieses übernatürliche Beten in einer unbekannten Sprache, hineingeführt werden. Doch bevor man damit anfängt, sagt die Bibel: *„Nehmt das Schwert des Geistes, das ist Gottes Wort...“* Das ist meines Erachtens die göttliche Reihenfolge. Gehen Sie nicht unbewaffnet und unvorbereitet in die Erfahrungen der Geistestaufe hinein. Nehmen Sie das Wort Gottes mit. Denn es tauchen viele völlig neue Probleme, Versuchungen und Schwierigkeiten auf, mit denen jemand, der nicht im Heiligen Geist getauft ist, nie zu tun haben wird.

Das deutlichste Beispiel hierfür ist Jesus selbst. Dreißig Jahre lang führte er ein normales, vollkommenes Leben als Mensch und wir lesen in dieser Zeit nichts von Versuchungen, Verfolgung oder Problemen. Dann ging er, wie in Matthäus 4 berichtet wird, an den Jordan, ließ sich von Johannes dem Täufer taufen, stieg aus dem Wasser, und der Himmel ging auf, und der Geist Gottes kam in Gestalt einer Taube auf ihn herab und blieb auf ihm.

Soweit ich es verstehe, wurde er nicht im Heiligen Geist getauft. Das war bei ihm nicht notwendig. Er konnte gar nicht im Heiligen Geist getauft werden, weil er ja selbst der Täufer im Heiligen Geist war. Es gab niemanden, der ihn im Heiligen Geist hätte taufen können. Aber er machte eine Erfahrung, die wir, wenngleich auf einer anderen Ebene, mit unserer Geistestaufe vergleichen könnten. Er wurde „der Gesalbte“. Der Geist Gottes kam auf ihn, und er bekam eine phantastische Bestätigung vom Himmel. Der Vater sprach und sagte: „Du bist mein geliebter Sohn; an dir habe ich Wohlgefallen."

Was geschah nach dieser großartigen Erfahrung? Jesus war vierzig Tage in der Wüste mit dem Teufel allein. War das ein trauriger Zufall? Nein, das gehört dazu. Das gehört dazu, wenn ein Gläubiger die Taufe im Heiligen Geist empfängt. Die Geistestaufe ist unser Einstieg in einen Bereich voller Konflikte und Versuchungen, die uns vorher nicht betrafen.

In den drei in der Bibel aufgezeichneten Versuchungen setzte Jesus nur eine einzige Waffe gegen den Teufel ein. Er konterte jede Versuchung mit den Worten: „Es steht geschrieben... es steht geschrieben... es steht geschrieben." Welche Waffe war das? Das Schwert des Geistes, das Wort Gottes. Jesus ist in dieser Hinsicht unser vollkommenes Vorbild, und jeder Mensch, der die Geistestaufe empfängt, braucht unbedingt gesunde, gründliche und praktische Kenntnis der Lehre der Heiligen Schrift.

Und genau dies gewährleistete Gott für die Urgemeinde. Die offensichtlichen Auswirkungen des irdischen Dienstes Jesu waren nicht unbedingt sensationell. Auf dem Ölberg ließ er elf Männer zurück, die wirklich engagierte Jünger waren. Er konnte 120 Jünger dazu veranlassen, ins Obergemach zurückzugehen und zu tun, was er ihnen aufgetragen hatte, obwohl es in der Schrift heißt, er sei nach seiner Auferstehung fünfhundert Leuten gleichzeitig erschienen. Doch offensichtlich haben etwa 380 von ihnen nicht zugehört, als er sagte, sie sollten in Jerusalem bleiben, bis sie angetan werden mit Kraft aus der Höhe. Man könnte sagen, diese 120 Leute im Obergemach waren das sichtbare und greifbare Resultat seines dreieinhalbjährigen Dienstes. Das ist nach menschlichen Maßstäben gerechnet nicht besonders eindrucksvoll.

Doch als der Heilige Geist kam, kamen an einem einzigen Tag dreitausend Menschen dazu. Und welche Funktion hatten diese Leute im Obergemach? Sie lieferten die Lehre und hatten die Autorität, die von all denjenigen, die sich taufen ließen, unbedingt gebraucht wurde. Wären die Apostel nicht dagewesen und hätten sie nicht lehren können, hätte es ein Chaos gegeben, als der Heilige Geist auf dreitausend Menschen fiel.

Das ist keine graue Theorie. Ich habe es selbst erlebt. In Afrika, ganz in der Nähe des Orts, wo wir als Missionare lebten, gab es eine souveräne Ausgießung des Heiligen Geistes - vor allem auf Quäker. Viele hundert Quäker empfingen die Geistestaufe. Einige wurden sogar ins Gefängnis geworfen, weil sie in Zungen redeten. Es hört sich vielleicht komisch an, doch es kam tatsächlich so weit, dass die amerikanischen Quäker-Missionare die britischen Behörden dazu brachten, diese Afrikaner ins Gefängnis zu werfen, weil sie in Zungen redeten. Das hört sich aberwitzig an, aber es ist wahr.

Diese Leute machten die phantastischsten Erfahrungen, aber es gab niemanden dort, der in der Lage gewesen wäre, sie zu lehren, weil sie ihre eigenen Missionare im Stich gelassen hatten, ihnen nicht helfen wollten und nicht an die Geistestaufe glaubten. Es gab in der ganzen Gegend dort kaum einen Missionar, der wusste, was die Taufe im Heiligen Geist eigentlich war. Dies hatte zur Folge, dass viele dieser bemitleidenswerten Menschen den wirrsten und irrigsten Gedanken und Ausdrucksformen von Fanatismus verfielen, weil niemand mäßigend, disziplinierend und instruierend auf sie einwirkte. Das ist eine Sache, deren konkrete Auswirkungen wir tatsächlich erlebt haben.

Hätte Gott für den Pfingsttag keine Vorkehrungen getroffen, hätte es meiner Meinung nach auch damals ein Desaster gegeben, obwohl diese Leute Juden waren und die Schrift einigermaßen kannten. Ich persönlich vertrete die Auffassung, dass Gott derzeit seinen Heiligen Geist nicht so über die Vereinigten Staaten von Amerika ausgießen kann, wie er es sich wünschen würde, weil es dort einfach nicht genügend Menschen gibt, die sich um die Konsequenzen kümmern würden.

Lesen wir hierzu kurz Römer 6,17:

„Gott aber sei Dank, daß ihr Sklaven der Sünde wart, aber von Herzen gehorsam geworden seid dem Bild der Lehre, worin ihr unterwiesen worden seid!“

Diese Formulierung stimmt nicht ganz, und etliche Übersetzungen sind da meiner Meinung. Ich bevorzuge die Formulierung: „...jener Form von Lehre, der ihr übergeben worden seid...“ Das hier verwendete Wort „Form“ stammt von einem griechischen Wort, von dem sich unser Wort „Typus“ ableitet; es bezeichnet im Wesentlichen eine „Form“, mit der man ein bestimmtes Muster herstellt.

Ich kenne mich nicht so gut mit Metallen aus, aber wir alle wissen, dass Metall in Formen gegossen wird. Bei manchen Leuten hängen andere Formen in der Küche, die man für Wackelpudding braucht.

Ob es nun Wackelpudding oder Metall ist - in beiden Fällen muss die Masse zunächst erwärmt werden. Sie muss weich sein; sie muss sich in einem Zustand befinden, in dem sie die Form annehmen kann, in die sie hineingegossen wird.

Wenn die Masse weich wird, muss die Form schon vorbereitet sein. Stellen Sie sich vor, was geschehen würde, wenn Sie die heiße Puddingmasse einfach auf den Küchentisch schütten würden. Es entstünde ein formloser Fleck. Die Form muss vorbereitet sein, um die Masse aufzunehmen.

Greifen wir also diese beiden Aspekte heraus: Zunächst muss etwas geschehen, wodurch sich das Material der Form anpassen kann. Metall muss erhitzt werden. Zweitens muss es eine Form geben, die dem Material die richtige Gestalt verleiht.

Wie ich es verstehe, sind die Bekehrung und die Geistestaufe vergleichbar mit diesem Prozess des Erhitzens. Sie versetzen einen Menschen in den Stand, etwas anzunehmen, was er vorher niemals angenommen hätte. Bei mir war das auf jeden Fall so. Wenn mir irgend jemand vor meiner Geistestaufe gesagt hätte, ich solle der Bibel gehorchen, hätte er sich an etwas zu schaffen gemacht, das kein bisschen nachgegeben oder seine Form verändert hätte. Doch die Geistestaufe brachte mich zum Schmelzen. Sie machte mich bereit, die neue Form anzunehmen.

Sobald ein Mensch diese Bereitschaft hat, ist es als nächstes unbedingt erforderlich, ihn in die richtige Form zu bringen, denn sein Aussehen, seine Gestalt hängt davon ab, in welche Form er gleichsam „hineingegossen“ wird. Wenn ich den Römerbrief hier recht verstehe, ist diese Form die Lehre. Sobald jemand durch das Erlebnis der Taufe zu Schmelzen beginnt, müssen wir die richtige Lehre zur Hand haben, um ihn in die richtige Form zu bringen. Doch leider geschieht es heute nicht selten, dass jemand überhaupt nicht in eine Form gegossen wird und am Ende wie ein klebriges Häufchen auf dem Küchentisch liegt; ihm bleibt nichts als eine Erfahrung, d.h. der Beweis, dass er einmal diese Erfahrung gemacht hat. Oder aber er wird in die falsche Form hineingegossen und nimmt am Ende selbst die falsche Form an.

Aus diesem Grund ist es für mich, sobald jemand im Geist getauft wird, dringend notwendig, die richtige Lehrform zur Hand zu haben, um ihm die richtige Form geben zu können. Ich konnte schon oft folgendes feststellen: Wenn jemand, der nicht allzu viele festgefahrene religiöse Prägungen und Traditionen mitbringt, im Geist getauft wird und man ihn anschließend die einfachen Wahrheiten des Wortes Gottes lehrt, nimmt er erstaunlich schnell die richtige Form an. Dazu ist keine jahrelange Lehre erforderlich. Ein paar Wochen echte, solide Bibellehre kann in einem Menschen die großartigsten Veränderungen herbeiführen und einen Charakter und Lebensstil ausprägen, der allen Anforderungen, die vor ihm liegen, standhält - vorausgesetzt, er wird gleich zu Anfang in die richtige Form gebracht.

Ich möchte Ihnen anhand zweier alttestamentlicher Beispiele zeigen, was geschieht, wenn das Volk Gottes keine Lehre bekommt. Es sind sehr tragische, aber hochaktuelle Beispiele. Sie entsprechen genau dem, was heute geschieht. Betrachten wir hierzu Jesaja 5,13 und Hosea 4,6. Zunächst sagt Gott in Jesaja 5,13:

„Darum wird mein Volk gefangen wegziehen aus Mangel an Erkenntnis. Seine Vornehmen sind Hungerleider, und seine lärmende Menge ist ausgedörrt vor Durst.“

Das beschreibt in meinen Augen den Leib Christi unserer Zeit recht gut: Er ist gefangen, weil es ihm an Erkenntnis fehlt - nicht die Erkenntnis der Welt, nicht die Erkenntnis, die an Universitäten gelehrt wird, sondern die Erkenntnis des Wortes Gottes. Ganz besonders treffend finde ich die Formulierung: „Seine Vornehmen sind Hungerleider" - sogar seine Theologen und führenden geistlichen Leiter sind ausgetrocknet und ausgedörrt; sie haben nichts zu geben. Kein Wunder, dass auch die Menge vor Durst ausgedörrt ist, wenn die ehrwürdigen Männer ausgehungert oder am Verhungern sind.

Das beschreibt im Großen und Ganzen das Volk Gottes heute: Seine ehrwürdigen und vornehmen Männer sind ausgehungert, seine Menge ist ausgedörrt vor Durst. Sie sind gefangen; sie werden von allen möglichen Dingen gebunden und geknechtet - das ist alles andere als das, was der Herr für sie wollte. Wie lässt sich das erklären? Sie haben keine Erkenntnis.

In Hosea 4,6 finden wir ein ganz ähnliches Bild:

> *„Mein Volk kommt um aus Mangel an Erkenntnis.* [Dann sagt Gott zu seinem Volk und speziell zu den Leitern:] *Weil du die Erkenntnis verworfen hast, so verwerfe ich dich, daß du mir nicht mehr als Priester dienst. Du hast das Gesetz deines Gottes vergessen, so vergesse auch ich deine Kinder."*

Es wird von einem Priester gefordert, dass er das Wort Gottes kennt und vermitteln und das Gesetz Gottes lehren kann. In Malcachi 2,7 definiert der Herr diese Verantwortung eines Priesters. Maleachi 2,7:

> *„Denn die Lippen des Priesters sollen Erkenntnis bewahren, und Weisung sucht man aus seinem Mund; denn er ist ein Bote des Herrn der Heerscharen."*

Doch Gott sagt zu den Priestern seines Volkes zur Zeit Hoseas: *„Weil du die Erkenntnis verworfen hast, so verwerfe ich dich, daß du mir nicht mehr als Priester dienst."* Dasselbe gilt auch heute: Niemand, der die Erkenntnis des Wortes Gottes verworfen hat, kann einen priesterlichen Dienst übernehmen. Jemand kann katholischer Priester oder protestantischer Pfarrer sein, doch wenn er die Erkenntnis des Wortes Gottes verworfen hat, kann er in den Augen Gottes keinen priesterlichen Dienst ausüben.

Die letzten Worte in Hosea 4,6 sind so tragisch und so wahr: *„Du hast das Gesetz deines Gottes vergessen, so vergesse auch ich deine*

Kinder." Wenn wir uns Amerika heute ansehen, sehen wir eine Nation gottverlassener Kinder. Warum? Weil ihre Eltern das Gesetz Gottes vergessen haben. Das ist die exakte Erfüllung des göttlichen Gerichts. Wenn Eltern das Gesetz Gottes vergessen und ihre Kinder im Rahmen der Erziehung nicht im Gesetz des Herrn unterweisen, sagt Gott, er werde ihre Kinder vergessen.

Vor einiger Zeit erzählte mir jemand, die Kinder der wohlhabendsten jüdischen Familien in einer bestimmten Gegend der USA wären scharenweise nach New York ausgewandert, um dort als Hippies zu leben. Es sind Kinder von Leuten, denen einige der größten Kaufhäuser gehören und deren Namen zumindest regional sehr bekannt sind. Doch ihre Eltern können ihnen nichts geben, was von geistlichem Wert wäre; deshalb reißen diese Kinder lieber aus und schlafen in der Gosse in New York, anstatt sich zu Hause am Fetten zu laben. Dies ist ein Bild für das moderne Amerika: von Gott vergessene Kinder, weil ihre Eltern das Gesetz des Herrn vergessen haben.

*****

Gehen wir weiter zur nächsten grundlegenden Komponente des Gemeindealltags, der Gemeinschaft. Wir müssen verstehen, dass Gemeinschaft das Ziel des Evangeliums ist. Hierzu schnell zwei Bibelstellen. 1. Korinther 1,9:

„Gott ist treu, durch den ihr berufen worden seid ***in die Gemeinschaft*** *seines Sohnes Jesus Christus, unseres Herrn."*

Gemeinschaft ist das Endziel des Evangeliums. Sie ist kein Mittel, kein Weg, sondern ein Ziel. Das Endziel des Evangeliums besteht darin, uns in die Gemeinschaft mit Gott und miteinander hineinzuführen.

Das lesen wir auch im 1. Johannesbrief, Kapitel 1, Vers 3 und 4:

„...was wir gesehen und gehört haben, verkündigen wir auch euch, damit auch ihr mit uns Gemeinschaft habt; und zwar ist unsere Gemeinschaft mit dem Vater und mit seinem Sohn Jesus Christus."

Die Apostel haben den Bericht des Neuen Testaments geschrieben, damit wir die Gemeinschaft hätten, die auch sie hatten, und sie hatten Gemeinschaft mit dem Vater und mit seinem Sohn Jesus Christus. Das ist das letztendliche Ziel. Alles im Evangelium zielt darauf ab, dass wir Gemeinschaft mit Gott und miteinander bekommen.

Ohne kritisch oder negativ sein zu wollen, müssen wir doch feststellen, dass viele Gemeinden dieses letztendliche Ziel völlig vergessen haben. Wir beschäftigen uns so sehr mit allen möglichen Mitteln und Wegen, dass wir gar keine Zeit mehr haben zu analysieren, wo uns diese Mittel und Wege eigentlich hinbringen sollen, und ob sie auch tatsächlich bewirken, was sie bewirken sollen.

In den allermeisten Gemeinden, die so organisiert sind, wie wir es heute verstehen, gibt es überhaupt keine Gemeinschaft (und damit möchte ich niemanden kritisieren). Ich sagte es schon einmal: Man kann nicht mit dem Rücken eines anderen Gemeinschaft haben. Und in den meisten Gemeinden ist das alles, was man von den anderen Gemeindemitgliedern sieht.

Ich erinnere mich noch daran, wie ich in einer Pfingstgemeinde predigte; es war eine sehr nette Gemeinde und ich hielt eine Predigt, die meines Erachtens recht gut war, und auch der Pastor hielt sie für eine gute Predigt. Es war an einem Sonntag Vormittag. Kurz vor Ende des Gottesdienstes, bevor die Leute nach Hause gingen, sagte der Pastor: „Lauft nicht gleich alle nach Hause. Bleibt doch noch hier und habt Gemeinschaft miteinander; schüttelt mindestens einem halben Dutzend Leute die Hand." Ich dachte mir: „Mein Gott, damit gibt sich dein Volk zufrieden? Ist das eure wöchentliche Ration an Gemeinschaft? Einem halben Dutzend Leuten die Hand schütteln, bevor man nach Hause geht?" Doch in den Augen des Pastors war das wirklich eine großzügige Ration.

Ich möchte damit keinesfalls negativ klingen, aber es ist unbestreitbar, dass die meisten Christen nicht einmal ansatzweise begriffen haben, dass Gemeinschaft das Endziel ist. Wir halten weiterhin an all unseren religiösen Vorgehensweisen, Ritualen, Zeremonien, Programmen und Projekten fest. All das sind Dinge, die uns nicht zum Ziel führen werden, und aus diesem Grund sind sie im Großen und Ganzen nutzlos.

Die Urgemeinde pflegte jedoch von Anfang an ein Leben der Gemeinschaft. Diese Gemeinschaft erstreckte sich auf einen zweifachen äußeren Rahmen. Gemeinschaft braucht einen äußeren Rahmen, ein Forum. Wenn sich Menschen treffen und miteinander Gemeinschaft haben wollen, brauchen sie einen Ort, ein Forum, einen äußeren Rahmen, um sich zu treffen. Der äußere Rahmen an sich ist nicht so wichtig. Es ist nicht so entscheidend, wie dieses Forum aussieht, aber es muss vorhanden sein. Und sehr häufig, wenn Strömungen oder Bewegungen entstehen, bieten sie auch ein Forum für Gemeinschaft; doch oft ist es so, dass dieses Forum, der äußere Rahmen, kein Mittel zum Zweck bleibt, sondern zum eigentlichen Ziel wird. Dann müssen wir wieder eine andere Bewegung finden, die erkennt, dass das eben nicht das Ziel war.

Wenn wir uns das Bild der Urgemeinde in Apostelgeschichte 2 vor Augen führen, wird deutlich, dass sie in zweierlei Hinsicht ein solches Forum hatte - ein „großes Forum", wie ich es nennen möchte, und ein „kleines Forum". Das große Forum war der Tempel, der nationale, institutionalisierte Ort der Anbetung des jüdischen Volks; das kleine Forum war dieser praktische äußere Rahmen, den wir überall im Neuen Testament wiederfinden, nämlich die Privathäuser der einzelnen Christen; und es liegt auf der Hand, dass die Leute dort miteinander Gemeinschaft haben. Das finden wir in Apostelgeschichte 2,46:

> *„Täglich verharrten sie einmütig im Tempel und brachen zu Hause das Brot, nahmen Speise mit Frohlocken und Schlichtheit des Herzens..."*

Beachtet, dass sie jeden Tag im Tempel waren und gemeinsam in den Häusern aßen. Soweit ich es verstehe, bezeichnet „Brotbrechen" in diesem Sinne nicht das Abendmahl. Ich bin ein großer Verfechter des Abendmahls, aber ich glaube, dass das hier nicht gemeint ist. Es heißt einfach nur, dass sie jeden Tag miteinander in ihren Häusern aßen.

Eine ähnliche Aussage finden wir in Apostelgeschichte 5,42:

„...und sie hörten nicht auf, jeden Tag im Tempel und in den Häusern zu lehren und Jesus als den Christus zu verkündigen.“

Achtet auch hier wieder auf die Formulierung „jeden Tag“. Jeden Tag waren sie im Tempel, also im „großen Forum“, und jeden Tag hatten sie Gemeinschaft miteinander, vornehmlich, indem sie in den Häusern miteinander aßen. Ihre Gemeinschaft erstreckte sich also auf das große Forum des Tempels wie auch auf das kleine Forum der Privathäuser.

Mein Kommentar dazu: Die ersten Christen besuchten für eine gewisse Zeit weiterhin den institutionalisierten Ort der Anbetung, jedoch unter zwei Voraussetzungen: Sie machten keine Kompromisse, was ihren Glauben betraf, und sie machten sich, was ihr persönliches geistliches Leben betraf, nicht von der Institution abhängig. Ich halte das für außerordentlich wichtig.

Viele Christen sagen: „Nun, ich möchte nach wie vor in meine Gemeinde oder Kirche gehen.“ Gott segne sie! Aber geht keine Kompromisse bezüglich eures Glaubens ein, bloß weil ihr in eure Gemeinde oder Kirche geht. Damals verkündeten viele Christen ohne Furcht, was sie glaubten, auch wenn sie im Tempel waren. Und glaubt mir: Wenn man den Leuten in einer presbyterianischen Gemeinde sagt, sie sollten in Zungen reden, ist das nicht annähernd so kontrovers, wie wenn man den Juden im Tempel sagt, sie sollten glauben, dass Jesus der Messias ist. Eine solche Aussage war noch viel revolutionärer als der Vorschlag, in einer presbyterianischen Gemeinde in Zungen zu reden. Aber sie gingen keine Kompromisse in Bezug auf die Wahrheit ein, bloß weil sie innerhalb ihrer Institution blieben.

Zweitens glaube ich nicht, dass sie sich, was ihre geistliche Nahrung betraf, von einem großen, institutionalisierten Forum abhängig machten. Ich musste mit ansehen, wie Christen die Geistestaufe empfingen, aber keine geistliche Nahrung außerhalb der Institution ihrer Kirche oder Gemeinde bekamen (die sehr häufig gegen diese Erfahrung eingestellt war), und aus diesem Grund langsam geistlich verhungerten. Es gibt keine Alternative. Man bekommt keine geistliche Nahrung von Menschen, die nicht glauben, was man erfahren hat, die es nicht verstehen, die einen nicht darüber lehren können, und die, sofern sie überhaupt etwas tun, einen eher entmutigen als ermutigen. Dort bekommen Sie keine geistliche Nahrung. Sie können dorthin gehen, aber Sie können sich ganz sicher nicht darauf verlassen, dass Sie dort geistliches Leben und Nahrung bekommen werden.

Die Gemeinschaft der ersten Christen in Jerusalem fand ihren Ausdruck darin, dass sie alles miteinander teilten. Sie erinnern sich, dass das Wort „Gemeinschaft" eigentlich „miteinander teilen" bedeutet. Vielleicht haben Sie das griechische Wort schon einmal gehört. Es heißt „Koinonia" und bedeutet einfach nur „etwas gemeinsam haben" oder „etwas miteinander teilen". Das wichtigste, was wir gemeinsam haben, ist der Herr Jesus Christus und der Heilige Geist, doch die Christen der Urgemeinde hatten praktisch alles gemeinsam. Lesen wir Apostelgeschichte 2,44-45:

„Alle Gläubiggewordenen aber waren beisammen und hatten alles gemeinsam; und sie verkauften die Güter und die Habe und verteilten sie an alle, je nachdem einer bedürftig war."

Apostelgeschichte 4,34-35:

„Denn es war auch keiner bedürftig unter ihnen, denn soviele Besitzer von Äckern oder Häusern waren, verkauften sie und brachten den Preis des Verkauften und legten ihn nieder zu den Füßen der Apostel; es wurde aber jedem zugeteilt, so wie einer Bedürfnis hatte."

Es steht außer Frage, dass sich die ersten Christen verpflichtet fühlten, ihren Glaubensgeschwistern nicht nur in geistlicher Hinsicht zu dienen, sondern auch in physischer, praktischer, materieller und finanzieller Hinsicht. Und so handelten sie auch.

Andererseits war die Situation in Jerusalem damals einzigartig. Wir lesen nichts darüber, dass auch die Christen in allen anderen Städten all ihre Habseligkeiten verkauft hätten. Ich sehe darin die Weisheit und die Inspiration des Heiligen Geistes, denn kaum eine Generation später wurde Jerusalem von den römischen Armeen völlig verwüstet, und kein Jude durfte in dieser Gegend mehr Landbesitz haben.

Es gibt also Zeiten besonderer Dringlichkeit, in denen uns der Heilige Geist drängt, alles zu verkaufen und alles mit allen zu teilen, aber das ist nicht notwendigerweise ein allgemeingültiges Schema für jede Situation. Dennoch werden Christen, wenn sie echte Christen sind, ohne jeden Zweifel in jeder Situation mit ihren Mitchristen teilen. Deshalb lesen wir auch dieses wunderbare Zeugnis, dass keiner von ihnen bedürftig war. Ich frage mich, ob man auch von den Christen unserer Zeit sagen könnte, dass keiner von Ihnen bedürftig ist? Ich glaube jedoch, dass es möglich wäre, wenn wir miteinander teilen würden wie die Christen der Urgemeinde.

Ich möchte noch etwas zum Punkt Gemeinschaft sagen, etwas, das ich für ausgesprochen wichtig halte: Die Gemeinschaft ist der Ort der geistlichen Geburt. Unsere Verweisstelle hierfür ist Johannes 3,6. Jesus sagt:

„Was aus dem Fleisch geboren ist, ist Fleisch, und ***was*** *aus dem Geist geboren ist, ist Geist."*

Viele Menschen lesen diesen Vers so, als hätte Jesus gesagt: „**Wer** aus dem Geist geboren ist, ist Geist." Aber das hat er nicht gesagt. Er spricht hier nicht notwendigerweise von einer Einzelperson. Er spricht hier vielmehr von zwei verschiedenen Arten von Geburt: der Geburt aus dem Fleisch, die Fleisch hervorbringt; und der Geburt aus dem Geist, die Geist hervorbringt.

Das hat meiner Meinung nach einem direkten Bezug zur Gemeinschaft innerhalb der Gemeinde. Im heutigen Christentum gibt es viel, das aus dem Fleisch geboren ist, und das Fleisch kann eben nichts anderes hervorbringen als Fleisch. Das Leben des Geistes steckt nur in dem, was aus dem Geist geboren ist. Ich wiederhole meine Aussage: Die Gemeinschaft ist der Ort der geistlichen Geburt.

Wenn diese Aussage korrekt ist, hat es sehr weitreichende Konsequenzen. Es heißt, dass überall dort, wo wir nicht in Gemeinschaft sind, auch keine geistliche Geburt stattfinden kann. In der Gemeinschaft bringt der Heilige Geist das hervor, was geistlich ist. Ich bin zu der Überzeugung gelangt, dass dies stimmt. Doch allzu oft übergehen wir den Aspekt der Gemeinschaft und möchten einfach nur die Resultate sehen. Wir wollen Projekte, wir wollen Programme, wir wollen wissen, was zu tun ist, die wollen ein Komitee einsetzen und wir wollen Menschen hierhin und dorthin senden. Doch alles, was dabei herauskommt, ist Fleisch, denn Fleisch bringt nur Fleisch hervor. Ich glaube, das bezieht sich durchaus auch auf die Situation, in der wir uns heute befinden. Ich habe erkannt, dass Gott oft gar kein Interesse daran hat, dass wir ein Programm entwerfen. Vielmehr interessiert er sich für Gemeinschaft, und aus dieser Gemeinschaft heraus wird Gott kein Programm, kein Projekt, sondern eine Geburt entstehen lassen. Und das ist etwas völlig anderes. Wenn man sich die einfachen Tatsachen des Neuen Testaments vor Augen führt, muss man anerkennen, dass in der Gemeinschaft der Gläubigen geistliche Geburten stattfanden.

Betrachten wir zwei auffällige Beispiele aus Apostelgeschichte 1,14. Hier heißt es über die Gläubigen, die sich zwischen Himmelfahrt und Pfingsten im Obergemach trafen:

> *„Diese alle verharrten einmütig im Gebet [und Flehen] mit einigen Frauen und Maria, der Mutter Jesu, und mit seinen Brüdern."*

Zehn Tage lang pflegten sie unter ziemlich beengten Bedingungen enge Gemeinschaft mit Gebet und Flehen. So eine Erfahrung geht allen Beteiligten sehr nahe. Meine Frau sagt oft über Gemeinschaft: „Wir sitzen alle im selben Boot und keiner kann raus." Gemeinschaft ist keine Gemeinschaft, wenn man sich zurückziehen kann, wenn man sich nach Belieben abwenden kann und keine gegenseitige Verpflichtung vorhanden ist. Gemeinschaft erfordert eine Verpflichtung gegenüber anderen Menschen. An diesem Punkt werden Sie selbst auf die Probe gestellt. Gemeinschaft, wie ich es verstehe, ist das Licht. Wenn wir im Licht wandeln, haben wir Gemeinschaft miteinander. Das erste

Indiz dafür, dass sich Sünde oder Finsternis im Leben eines Menschen einschleichen, ist dessen Rückzug aus der Gemeinschaft. Und ich habe es am eigenen Leib erlebt, dass einen das Leben im Licht der Gemeinschaft auf eine harte Probe stellt.

Im vergangenen Sommer besuchte eine Frau unseren Lehrgang auf Jamaika. Schon nach drei Tagen stieg sie aus, nahm das nächste Flugzeug und flog nach Hause. Und der Flug dorthin kostet ja auch etwas und sie hatte sich schon im voraus angemeldet, doch das Zusammensein von etwa fünfundvierzig im Geist getauften Menschen hatte etwas an sich, das diese Frau einfach nicht ertragen konnte.

Eine andere Frau ging nicht soweit, doch nach unserem Befreiungsgottesdienst sagte sie mir: „Wenn ich hätte schwimmen können, wäre ich von dieser Insel weggeschwommen. Ich konnte den Druck, der mich ständig umgab, einfach nicht mehr ertragen." Das war der Druck der Gemeinschaft. Sie wurde nicht andauernd angepredigt und man debattierte auch nicht andauernd mit ihr, doch allein schon die Tatsache, dass Menschen zusammen sind, erzeugt etwas, eine Art Feuer, das man entweder aushält oder vor dem man flieht. Und ich habe schon viele, viele Menschen gesehen, die das Feuer und das Licht kontinuierlicher Gemeinschaft einfach nicht ertragen konnten. Doch wie meine Frau richtig sagt: „Gemeinschaft heißt: Wir sitzen alle im selben Boot und keiner kann raus."

Wir haben das auch auf einer unserer Fahrten ins Heilige Land erlebt. Es gab Zeiten, in denen wir gemeinsam Situationen und Umstände durchstehen und fest zusammenhalten mussten. Und in diesem Zusammenstehen und Zusammensein bewirkte Gott die wunderbarsten Veränderungen im Leben und Charakter einzelner Menschen. Ich werde nicht näher darauf eingehen, aber ich habe es selbst erlebt. Es ist wahr.

Stellen Sie sich nur vor, wie es gewesen sein muss, zehn Tage lang in diesem Obergemach gemeinsam zu beten und zu flehen. Das war eine Herausforderung, die jeden einzelnen bis in sein tiefstes Inneres erschütterte. Denn es war klar, dass diese Apostel vorher nicht immer einer Meinung waren.

Den Höhepunkt finden wir in Apostelgeschichte 2,1: *„Und als der Tag des Pfingstfestes erfüllt war, waren sie alle [einmütig] an einem Ort beisammen...“* Was geschah? Ich möchte hier keine theologische Diskussion beginnen. Einige Leute sagen, die Gemeinde sei am Auferstehungssonntag geboren worden, andere sagen an Pfingsten. Ich halte mich da raus, denke jedoch, dass es nicht falsch ist zu sagen, dass hier eine geistliche Geburt stattfand. Was dabei geboren wurde, war die Gemeinde Jesu Christi, zumindest trat sie nun offen zutage. Woraus wurde sie geboren? Auf der menschlichen Ebene kann man sagen: aus der zehntägigen Gemeinschaft von 120 Personen.

In Apostelgeschichte 13,1-4 wiederholt sich eine ähnliche Situation, jedoch in kleinerem Maßstab:

> *„Es waren aber in Antiochia, in der dortigen Gemeinde, Propheten und Lehrer...* [uns es werden fünf genannt: Barnabas, Simon, Lucius, Manaen und Saulus]. *Während sie aber dem Herrn dienten und fasteten, sprach der Heilige Geist: Sondert mir nun Barnabas und Saulus zu dem Werk aus, zu dem ich sie berufen habe!“*

Auch hier finden wir wieder Menschen, die kontinuierlich gemeinsam beteten und fasteten und auf Gott warteten. Und aus dieser Gemeinschaft heraus wurde das geboren, was wir als „Auslandsmission“ bezeichnen. Das war das erste Mal, dass eine Gemeinde ganz konkret Leute aussandte, damit sie den Unerreichten das Evangelium bringen. Vorher geschah dies durch Verfolgung oder, was menschliches Eingreifen anbelangt, mehr oder weniger zufällig.

Doch hier bekamen Menschen einen ganz konkreten Auftrag und wurden ausgesandt. In den meisten Kommentaren wird dies als die erste Missionsreise des Paulus bezeichnet. Wie kam sie zu Stande? Sie kam zu Stande, indem fünf Männer gemeinsam mit Beten und Fasten auf den Herrn warteten. Sie planten kein Projekt, sie setzten keinen Ausschuss ein; ich will Ausschüsse nicht kritisieren; wir brauchen sie, aber sie sind nicht vorrangig. Vorrangig ist die Gemeinschaft.

Das ist eine der größten Lektionen, die Gott uns beibringen möchte. Wenn wir geistliche Geburt möchten, müssen wir am Ort der geistlichen Geburt sein, denn was aus dem Fleisch geboren ist, ist nur Fleisch, auch wenn wir ihm einen schönen, würdevollen Titel geben.

Dies gilt meines Erachtens auf allen Ebenen. Es gilt für die Familien; aus der Gemeinschaft zu Hause entsteht geistliche Geburt. Es gilt für die Ortsgemeinde und es gilt ebenso für das Missionsfeld. Es gilt überall. Da ich auf mehr als einem Missionsfeld als Missionar tätig war, würde ich sagen, dass es für das Fleisch viel leichter ist, 15 Ausschuss-Sitzungen mitzumachen als einen Tag Gemeinschaft. Als ich Missionar war, nahm ich an den meisten Ausschuss-Sitzungen überhaupt teil. Ich war in so vielen Ausschuss-Sitzungen, dass es bis an mein Lebensende reicht.

Ich sagte immer zu meinen Missionarskollegen: „Wir tun doch nichts anderes, als dass wir eine Krise überstehen, nur um gleich wieder in die nächste hineinzustolpern." Obwohl ich mit wunderbaren Missionarskollegen zusammenarbeitete - und ich möchte sie auch nicht kritisieren - vernachlässigten wir doch ein grundlegendes Prinzip.

Eines Tages hatten wir eine Sitzung, um die verschiedenen unlösbaren Probleme zu lösen. Sie begann frühmorgens und dauerte stundenlang. Währenddessen tobten die Kinder der Missionare über das Gelände der Mission und stellten alles Mögliche an. Am Nachmittag sagten meine Frau und ich: „Setzt ihr die Sitzung fort; wir werden uns mit den Kindern zusammensetzen." Wir trafen uns mit den Kindern. Zwei der Kinder, es waren Problemfälle, empfingen die Taufe im Heiligen Geist, einer von ihnen steht heute im vollzeitlichen Dienst. Das war revolutionär! Aber ich erkannte, dass wir uns dort zwar als die Retter Afrikas sahen, aber in Wirklichkeit nicht einmal unsere eigenen Kinder im Griff hatten. Das lag daran, dass wir die großen, grundlegenden Prinzipien der Bibel vernachlässigten: Aus der Gemeinschaft heraus entsteht geistliche Geburt. Ausschuss-Sitzungen und Projekte und Programme haben ihren Platz, aber sie bringen nichts hervor; sie können ein Mittel sein, wenn schon etwas hervorgebracht worden ist.

Noch ein letzter Gedanke in diesem Zusammenhang: Die einfachste Form von Gemeinschaft ist das gemeinsame Essen. Das ist so einfach, dass es oft übersehen wird. Wie sah die Gemeinschaft der Urchristen aus? Sie aßen miteinander; sie saßen in ihren Häusern rund um den Tisch und priesen den Herrn, beteten und beschäftigen sich mit dem Wort. Das war ihr Ort der Gemeinschaft.

Auch das wurde uns in Afrika klar. Theoretisch waren wir dort alle gleich; theoretisch gab es keine Barriere zwischen Schwarzen und Weißen, aber in Wirklichkeit trennte uns eine tiefe Kluft voneinander. Meine Frau und ich machten uns darüber Sorgen und fragten uns, was wir dagegen unternehmen könnten; schließlich beschlossen wir, Afrikaner zu uns ins Haus einzuladen. Vom sozialen Gesichtspunkt her war das revolutionär. Es war revolutionär, weil viele Afrikaner nicht mit Messer und Gabel umgehen konnten. Und es kann schon peinlich sein, wenn man jemanden bei sich zu Hause hat, der 30 Zentimeter vom Tisch entfernt sitzt und ins Schwitzen gerät, wenn er versucht mit Messer und Gabel zu essen. Aber sie waren so liebenswert. Sie sagten: „Macht euch keine Sorgen. Wir können es nicht, aber ihr werdet es uns beibringen. Wir wollen es lernen." Wir stellten fest, dass sich unsere Beziehungen zueinander dadurch veränderten.

Später aßen meine Frau und ich zweimal pro Woche mit den Studenten, für die ich verantwortlich war, in deren Speisesaal. Das Essen war nicht gut, aber es entstand eine völlig neue Beziehung zwischen ihnen und uns. Ich halte auch das für sehr biblisch. Im Nahen Osten versteht man ein gemeinsames Mahl mit jemandem als gegenseitige Verpflichtung. Man kann dem anderen anschließend nicht in den Rükken fallen. In Psalm 41,9 heißt es: *„Selbst mein Freund, auf den ich vertraute, der mein Brot aß, hat die Ferse gegen mich erhoben."* Hier ist von Judas die Rede. Das war der schlimmste Akt von Treulosigkeit überhaupt - mit jemandem essen und ihn dann verraten. Wenn wir mit anderen Leuten zusammen essen, verpflichten wir uns im Endeffekt dazu, ihnen gegenüber loyal zu sein.

Kapitel 3: Der Alltag einer Ortsgemeinde, Teil 2

Im vorangegangenen Kapitel gingen wir bereits der Frage nach, wie das Neue Testament das Alltagsleben einer Ortsgemeinde darstellt.

Zu Anfang hielten wir fest, dass es drei „Initiationserfahrungen", wie ich sie nannte, gibt, durch die man überhaupt Zugang zu diesem im Neuen Testament beschriebenen, täglichen Leben als Christ bekommt. Eine Initiation ist etwas, das uns irgendwo hineinbringt.

In der Apostelgeschichte und im Neuen Testament werden drei Erfahrungen beschrieben, die einen Menschen in das Leben des Leibs Christi einführen. Manche Leute haben den Eindruck, als gebe es nur eine solche Erfahrung; andere sprechen von zwei Erfahrungen, doch das Neue Testament sagt ausdrücklich, dass es drei sind. In Apostelgeschichte 2,38 lasen wir, welche drei Dinge von jedem Menschen gefordert werden, der sich durch den Glauben an Jesus Christus von der Sünde ab- und Gott zuwendet. Auf die Frage der Menschen: „Was sollen wir tun?", erwiderte Petrus:

> *„Tut Buße, und jeder von euch lasse sich taufen auf den Namen Jesu Christi zur Vergebung eurer Sünden, und ihr werdet die Gabe des Heiligen Geistes empfangen."*

Nach neutestamentlichem Maßstab gewähren also die folgenden drei Initiationserfahrungen Eintritt ins normale Christenleben:

Buße - die innerliche Herzensveränderung, die Abkehr von der Sünde und die Unterordnung unter die Herrschaft Jesu Christi.

Wassertaufe - ein äußerliches Zeugnis unserer Identifikation mit

Christus in seinem Tod, seinem Begräbnis, und seiner Auferstehung.

Die Taufe im Heiligen Geist - eine Erfüllung mit übernatürlicher Kraft, die uns zu effektiven Gliedern des Leibes Christi und zu effektiven Zeugen macht und zur Einheit im Leib Christi führt.

Nachdem wir durch diese drei Initiationserfahrungen wie durch eine Tür in das Leben als Christ hineingekommen sind, werden wir mit vier Dingen konfrontiert, die das Neue Testament als die kontinuierlichen, regelmäßigen und alltäglichen Aktivitäten des Leibes Christi bezeichnet. Ich hielt bereits im vorangegangenen Kapitel fest, dass viele von uns Predigern versagt haben, indem sie den Menschen immer nur die Tür vor Augen führten, aber ihnen nie sagten, was geschieht, sobald man durch diese Tür hindurchgegangen ist. Ich glaube, das war einer der größten Fehler, der in vielen Teilen des Leibes Christi gemacht wurde.

Und wenn ich konkreter werden soll, möchte ich, ohne jemanden zu beleidigen, sagen, dass dies zumindest auf die Pfingst- und Baptistengemeinden zutrifft. Wir bringen die Menschen immer wieder an die Tür; wir sagen: „Da ist die Tür; dahinter ist es wunderbar“, aber wir sagen weder, was die Menschen konkret hinter der Tür erwartet, noch erklären wir ihnen, wie sie das, was hinter der Tür liegt, erfahren können.

Zu Pfingsten bekehrte sich niemand dadurch, dass er die Versammelten in Zungen reden hörte, doch als Petrus aufstand und das Wort predigte, wurden dreitausend Seelen überführt, und sie bekehrten sich. Wenn wir das Zungenreden pflegen, aber die Predigt und den Dienst am Wort vernachlässigen, werden wir in punkto Bekehrung nicht viel erleben.

Ich erwähnte bereits, dass Petrus sagte, der nächste Schritt nach der Bekehrung sei die Taufe. Es heißt in Apostelgeschichte 2,41:

„Die nun sein Wort aufnahmen, ließen sich taufen; und es wurden an jenem Tag etwa dreitausend Seelen hinzugetan.“

Es scheint, als hätten sich auch 3000 Menschen taufen lassen. Klar ist auch, dass sie zudem noch die Taufe im Heiligen Geist empfingen, was für das Leben als Christ im Neuen Testament als Norm galt. Man ging davon aus, dass sie jedermann offen stand.

In Apostelgeschichte 2,42 werden diese vier kontinuierlichen Aktivitäten erwähnt, mit denen wir in Kapitel 8 bereits begannen und die wir in diesem Kapitel fortsetzen werden. Wir lesen in Apostelgeschichte 2,42:

„Sie fuhren beharrlich fort..."

Wir haben es nun also nicht mehr mit den ersten, einführenden und einmaligen Erfahrungen zu tun, sondern mit Dingen, die regelmäßig und immer wieder getan werden.

„Sie fuhren beharrlich fort in der Lehre der Apostel..."

Ich sage noch einmal, dass hier mit „Lehre" keine Doktrin oder ein vollendetes Lehrsystem gemeint ist; vielmehr setzten sie den Prozess des Lehrens und Gelehrtwerdens fort.

„...und in der Gemeinschaft, im Brechen des Brotes und in den Gebeten."

Das waren die vier grundlegenden, ständig vorhandenen Grundfesten des Alltagslebens: gelehrt werden, Gemeinschaft, Brotbrechen und Gebete.

Im vorangegangenen Kapitel wies ich darauf hin, dass, sobald jemand zu Christus kommt und vor allem sobald jemand im Heiligen Geist getauft wird, gesunde, biblische, positive Unterweisung von herausragender Bedeutung ist. Römer 6,17 beschreibt die Lehre als eine Form, in die Neubekehrte gleichsam hineingegossen werden, damit sie selbst die richtige Form annehmen. Diese Form der Lehre, in die ein Neubekehrter hineingegossen wird, ist für den Rest seines Lebens als Christ von entscheidender Bedeutung, denn wenn die Form falsche Eigenschaften aufweist oder ihr bestimmte Merkmale fehlen, wird dieser Neubekehrte in gewisser Hinsicht geistliche Mängel und Defizite haben. Die Form der Lehre entscheidet über das Produkt, das als Konsequenz dessen, dass der Neubekehrte dieser Lehre unterzogen wird, letztendlich herauskommen wird.

Die zweite Grundfeste des Gemeindelebens ist Gemeinschaft, etwas miteinander teilen. Wir hielten auch fest, dass Gemeinschaft das Endziel des Evangeliums ist. Gemeinschaft ist kein Mittel, kein Weg, sondern ein Ziel. 1. Korinther 1,9:

„Gott ist treu, durch den ihr berufen worden seid in die Gemeinschaft seines Sohnes Jesus Christus, unseres Herrn."

Die Formulierung „in die Gemeinschaft" weist darauf hin, dass dies das Ziel ist. Johannes sagt in 1. Johannes 1,3:

„...was wir gesehen und gehört haben, verkündigen wir auch euch, damit auch ihr mit uns Gemeinschaft habt; und zwar ist unsere Gemeinschaft mit dem Vater und mit seinem Sohn Jesus Christus."

Der Bericht des Neuen Testaments soll uns Gläubige in die Gemeinschaft der Apostel hinein führen; diese Gemeinschaft ist „mit dem Vater und mit seinem Sohn Jesus Christus". Gemeinschaft heißt, die Dinge Gottes und unseres Herrn Jesus Christus miteinander teilen.

Wir sagten, diese Gemeinschaft erstreckte sich auf alle Lebensbereiche - den geistlichen, den finanziellen und den materiellen; sie pflegten sie zu Hause, in verschiedener Art und Weise und sie lebten als Gemeinschaft, die die meisten Dinge des Lebens miteinander teilte. Ich sagte auch, die Gemeinschaft sei der Ort der geistlichen Geburt:

„Was aus dem Fleisch geboren ist, ist Fleisch, und was aus dem Geist geboren ist, ist Geist."

Wenn wir keinen Ort der geistlichen Geburt haben, wird auch im Leib Christi nichts Geistliches entstehen. Entscheidend sind nicht Projekte oder Programme; vorrangig ist die Gemeinschaft, und aus der Gemeinschaft heraus werden die Projekte und Programme Gottes geboren werden. Doch wenn wir uns ohne Gemeinschaft auf Programme und Projekte ausrichten, haben wir nur das, was fleischlich ist, und das Fleisch wird niemals Geist hervorbringen. Meines Erachtens gibt es deshalb so viele fleischliche und überaus anstrengende Aktivitäten im Leib Christi unserer Zeit und so wenig, das echtes geistliches Leben in sich hat, weil die Menschen nicht am Ort der geistlichen Geburt sind, das heißt am Ort der Gemeinschaft.

*****

Die dritte Komponente des Gemeindelebens, mit der wir uns in Kapitel 8 schon ein wenig beschäftigt haben, ist das gemeinsame Essen. In einigen Bibelausgaben steht dafür das Wort „Brotbrechen". Das liegt zum Teil daran, dass die Plymouth Brüder und andere Gruppierungen dies mit dem Abendmahl in Verbindung gebracht haben. Das ist deren Meinung, doch ich als Griechischstudent und -dozent bezweifle, ob die Urgemeinde dies unter „Brotbrechen" verstand. Ich glaube nicht. Es handelt sich hierbei vielmehr um den ganz normalen Ausdruck dafür, dass man miteinander isst; darum geht es hier - um das gemeinsame Essen. Das war die dritte grundlegende Aktivität der Urgemeinde.

Als Gott mir meine Augen für dieses Thema öffnete, staunte ich nur so darüber, wie viel man in der Apostelgeschichte über das gemeinsame Essen findet. Aufgrund meines pfingstlichen Hintergrunds hatte ich mir angewöhnt, Essen generell für etwas ziemlich Ungeistliches und gemeinsam Essen für das Charakteristikum einer fleischlichen Gemeinde zu halten. Ein Prediger sagte einmal verurteilend: „Die Gemeinde ist vom Obergemach ins Speisezimmer gegangen." Doch als ich das Neue Testament genauer unter die Lupe nahm, sah ich, dass so eine Bemerkung unangemessen ist, denn die Jünger gingen tatsächlich vom Obergemach ins Speisezimmer und sie blieben dort und versammelten sich jeden Tag zum Essen um den Tisch. Ist das nicht bemerkenswert?

Lesen wir die Abschlussverse von Apostelgeschichte 2, Apostelgeschichte 2,46-47. Sie beschreiben, was letztendlich dabei herauskam:

„Täglich verharrten sie einmütig im Tempel und brachen zu Hause das Brot [oder aßen zu Hause], nahmen Speise mit Frohlocken und Schlichtheit des Herzens, lobten Gott und

hatten Gunst beim ganzen Volk.“

Hier wird uns ein Bild der Gemeinde vor Augen gemalt, die im Sieg lebt, im Geist wandelt und Gemeinschaft pflegt. Wo pflegten sie die Gemeinschaft? In ihren Häusern. Jeder Esstisch wurde zu einem Ort der Gemeinschaft, einem Ort des Gebets und einem Ort des Lobpreises. Die Ungläubigen sahen die damaligen Christen nicht im Tempel, denn die Ungläubigen gingen nicht in den Tempel; die Ungläubigen sahen sie bei sich zu Hause; was sie an den Christen sahen, das sie selbst auch haben wollten, sahen sie bei den Christen zu Hause.

Im Großen und Ganzen werden die Ungläubigen nie in die Gemeinde kommen, um herauszufinden, was wir dort haben. Wenn wir unsere Waren nur in unseren Gemeindehäusern anbieten, werden die meisten Ungläubigen nie zu sehen bekommen, was wir haben. Ein Prediger sagte einmal: „Jesus sagte, wir sollen unser Licht nicht unter den Scheffel stellen. Der größte ‚Scheffel', unter den viele Christen ihr Licht stellen, ist ihr Gemeindehaus.“ Fünfundneunzig Prozent der Unbekehrten werden nie herausfinden, was dort drinnen vor sich geht. Wenn wir nur dort zeigen, was wir in Christus haben, werden wir die Ungläubigen nicht erreichen. Doch was in unseren Häusern vor sich geht, wird ihnen sehr schnell auffallen.

Ich garantiere Ihnen, dass auch die Leute in Ihrer Umgebung darüber sprechen werden, wenn Sie das, was Sie im Neuen Testament lesen, konkret umsetzen. Die Menschen werden sich fragen: „Was ist nur dort in dem Haus los? Was sollen all die vielen Autos, die hier parken? Was tun die dort heute Abend? Warum heizen sie den Swimmingpool?“ Es wird nicht lange dauern, bis Ihr ganzes Viertel darüber spricht, nicht weil etwas in einer Episkopalgemeinde oder einer presbyterianischen Gemeinde oder in irgendeiner anderen Gemeinde getan wurde, sondern weil etwas geschieht, das die Menschen bei sich zu Hause glücklich macht.

Ich sage Ihnen eins: Die meisten amerikanischen Christen, ja die meisten Amerikaner sind bei sich zu Hause nicht sehr glücklich. Es gibt heutzutage nicht viele Menschen, die sich in ihren eigenen vier Wänden glücklich fühlen. Eine wirklich glückliche Familie, wo sich die Leute aneinander freuen und gemeinsam den Herrn preisen, fällt auf wie ein bunter Hund. Die Menschen werden sagen: „Was ist denn bei denen los?" Und das ganze Viertel wird es wissen. Ich würde sagen, dass das, was bei den Christen zu Hause geschieht, derzeit vermutlich das stärkste Zeugnis für die Unbekehrten ist. Dort, wo Christen Gemeindeleben nach neutestamentlichen Maßstäben leben, gibt es Häuser, vor denen man an bestimmten Abenden der Woche auf der Straße keinen Parkplatz mehr bekommt. Warum? Weil die Menschen zusammenkommen, sich aneinander freuen und sich über den Herrn freuen. Ich bin davon überzeugt, dass die meisten Menschen, die ihr Christsein nur in Gemeindehäusern und Kirchen praktizieren, dies nicht genießen, sondern eher aushalten. Davon bin ich überzeugt, aber es soll keine Kritik sein.

In Apostelgeschichte 20,7 wird uns noch ein Bild der Urgemeinde vor Augen gemalt. Paulus ist auf Reisen und macht in der Stadt Troas oder Troja halt und bleibt sieben Tage dort. Es heißt:

„Als wir am ersten Wochentag versammelt waren, um das Brot zu brechen, redete Paulus zu ihnen..." (Einheitsübers.)

Ich glaube, sie waren nicht versammelt, um Abendmahl zu feiern, sondern lediglich, um miteinander zu essen. So wie es hier formuliert wird, gewinnt man den Eindruck, dass es etwas völlig Normales und nichts Außergewöhnliches war. Sie taten das regelmäßig. Das gemeinsame Essen ist wirklich von großer Bedeutung.

Ich sagte bereits in unserer vorigen Lehreinheit, dass wir in Afrika mit dem Problem konfrontiert wurden, dass es zwar in der Theorie Gemeinschaft zwischen den schwarzen und weißen Christen gab, aber nicht in der Praxis. Wir suchten nach Möglichkeiten, um dies zu ändern, und ich glaube, der Herr zeigte uns, dass sich dies ändern würde, wenn wir die afrikanischen Christen zu uns nach Hause einladen würden. Und wenn wir auch noch mit ihnen gemeinsam essen würden, würde sich die Situation noch weiter verbessern. Ich muss sagen, dass dieser Schritt bei einigen unserer Missionarskollegen auf Widerstand stieß, aber wir erreichten damit, was wir bezweckten. Auf diese Weise entstanden ganz neue Beziehungen. Wenn man mit anderen Menschen isst, bekommt man auch eine andere Einstellung zu ihnen; man wird selbst verändert, die anderen werden verändert, Beziehungen werden verändert, die Atmosphäre ändert sich.

Dies gilt um so mehr, wenn man sich die in der Bibel üblichen orientalischen Gepflogenheiten vor Augen führt, denn im Orient schloss man mit dem Menschen, mit dem man gemeinsam aß, im Prinzip eine Art Bund. Wenn man die Gastfreundschaft eines anderen in Anspruch nahm, hatte man seinem Gastgeber gegenüber eine Verpflichtung, gegen die nur äußerst gemeine und unwürdige Menschen verstießen. Wie sich Judas bei seinem Verrat an Jesus verhielt, war der Inbegriff der Niedertracht: zuerst gemeinsam mit Jesus essen und ihn anschließend verraten. Dieser reichte ihm das Brot, Judas nahm es und ging anschließend hinaus, um ihn zu verraten; nach biblischem Maßstab gemessen war das der Gipfel der Niedertracht.

Jesus nimmt in Johannes 13 an diesem Punkt Bezug auf Psalm 41,10, in dem wir eine Prophetie über den Verrat an Jesus finden. Der Psalmist sagt:

> *„Selbst mein Freund, auf den ich vertraute, der mein Brot aß, hat die Ferse gegen mich erhoben."*

Jesus bezieht diese Worte auf Judas, indem er diesen Vers zitiert. Das war der schlimmste Verrat überhaupt - mit jemandem zu essen und anschließend hinauszugehen und ihn zu verraten.

Gott bringt sein Volk in der Gemeinschaft rund um den Tisch zusammen, damit wir ab diesem Zeitpunkt des gemeinsamem Mahls loyal zueinander sind. Wir werden nicht mit unserem Bruder essen und ihm ins Gesicht schauen und ihm die Hand schütteln und sagen „Gott segne dich, Bruder" und dann hinausgehen und anfangen, über ihn zu tratschen und zu klatschen. Wenn wir das tun, machen wir uns in gewissem Maße etwas schuldig, dessen sich auch Judas schuldig machte.

Dasselbe gilt natürlich auch für das Abendmahl. Ich möchte keinesfalls den Eindruck erwecken, als würde ich das Abendmahl geringachten. Wenn wir das Abendmahl miteinander feiern, erneuern wir unseren Bund mit Jesus und mit allen anderen, die gemeinsam mit uns das Abendmahl nehmen. Wir verpflichten uns zu Loyalität gegenüber Jesus und gegenüber unseren Glaubensgeschwistern. Deshalb werden in 1. Korinther 11 auch derart schwere Strafen über all jene ausgesprochen, die unwürdig das Abendmahl feiern. Denn damit machen sie sich des Verrats schuldig. Das ist dasselbe wie einem anderen ins Auge zu schauen und nur darauf zu warten, bis er einem den Rükken zudreht, damit man ihm das Messer in den Rücken stoßen kann. In den Augen der Bibel ist das genau dasselbe.

Das gemeinsame Essen war also gewissermaßen die praktische Verwirklichung der Gemeinschaft. Betrachten wir kurz 1. Korinther 11. Ich möchte Ihnen etwas zeigen, das meines Erachtens manchmal übersehen wird. Die Christen in Korinth waren lebhaft und enthusiastisch, aber es fehlte ihnen manchmal etwas das Feingefühl. Beispielsweise waren sie glücklich, wenn der Segen des Herrn auf ihnen ruhte, obwohl in ihrer Mitte alle Arten von Ehebruch vorhanden waren. Und auch vom Abendmahl hatten sie recht sonderbare Vorstellungen: Immer, wenn sie zum Abendmahl zusammenkamen, brachte jeder sein eigenes Essen mit und fing an zu essen, während andere hungrig waren; einige tranken auch zu viel Wein und waren vermutlich ein wenig betrunken. Das war in ihren Augen das Abendmahl. Paulus sagt in 1. Korinther 11 zu ihnen: „Glaubt ja nicht, das sei das Abendmahl. Abendmahl miteinander zu feiern ist etwas ganz anderes.“ 1. Korinther 11,20-21:

> *„Wenn ihr also an einem Ort zusammenkommt, so heißt das nicht, das Herrenmahl essen; denn jeder nimmt beim Essen seine eigene Mahlzeit vorweg, so daß der eine hungrig bleibt, während der andere trunken ist.“*

Anschließend erklärt er ihnen, was es eigentlich heißt, miteinander Abendmahl zu feiern. Doch die beiden eben gelesenen Verse sind meines Erachtens der Beweis dafür, dass die Christen der Gemeinde zu Korinth zusammenkamen; jeder brachte sein eigenes Essen mit (was ja auch bei uns heute in manchen Gemeinden üblich ist); sie aßen miteinander, nicht um damit in der rechten Weise das Abendmahl zu feiern, sondern als natürliche Ausdrucksform ihrer Gemeinschaft. Paulus übte keine Kritik an der Gemeinschaft an sich. Vermutlich hatte er etwas gegen die Trunkenheit, aber er sagte: „Glaubt nicht, diese Art Gemeinschaft sei das Abendmahl, wie es sein soll."

*****

Gehen wir nun weiter zur vierten Säule des Gemeindealltags, dem Gebet. Wie ich es verstehe, ist Lehre die erste Notwendigkeit der Ortsgemeinde und Gebet der erste nach außen gerichtete Dienst der Ortsgemeinde. Der erste kollektive Dienst der Ortsgemeinde ist das Gebet.

Paulus sagt in 1. Timotheus 2,1:

„Ich ermahne nun vor allen Dingen, daß Flehen, Gebete, Fürbitten, Danksagungen getan werden für alle Menschen..."

Ich möchte Ihnen zeigen, welche Anweisungen Paulus Timotheus im nächsten Kapitel über die praktischen Angelegenheiten der Ortsgemeinde gibt, die er „das Haus Gottes" und „die Gemeinde des lebendigen Gottes" nennt. Er sagt: „Ich schreibe dir diese Dinge, um dir zu sagen, wie du die Angelegenheiten einer Ortsgemeinde regeln sollst." Nach dem einführenden ersten Kapitel sagt er am Anfang des zweiten Kapitels: „Ich ermahne nun *vor allen Dingen...*" Der vorrangige Dienst einer Ortsgemeinde ist was? Flehen, Gebete, Fürbitten und Danksagungen, die man unter einem Sammelbegriff zusammenfassen kann, nämlich Gebet. Und ich glaube, dass dies die Wahrheit ist.

Der erste Dienst einer Gruppe von Christen, die im Namen des Herrn Jesus Christus zusammenkommen, nachdem sie in angemessener Weise unterwiesen worden sind, ist das Gebet. Gebet für wen? Gebet für alle Menschen. Wie ich es verstehe, erwartet Gott, dass die Gemeinde ein Zentrum des Gebets ist, ein Kraftwerk, von dem die Kraft effektiver Fürbitte in die ganze Welt strömt. Aufgrund biblischer Überlegungen und persönlicher Beobachtung bin ich davon überzeugt, dass der Leib Christi eine ganz andere Beziehung zur Welt hätte, wenn er diese Funktion ausführen würde. Wenn Sie genug für die Menschen beten, kommt der Punkt, an dem sie etwas in Ihnen spüren, auf das sie dann reagieren. Doch wenn Sie auf die Menschen zugehen, um ihnen Zeugnis zu geben und ihnen zu dienen, ohne für sie zu beten, stehen sie Ihnen anders gegenüber.

Ich bin zur Überzeugung gelangt, dass der erste und vorrangige Dienst einer Gruppe von Christen darin besteht zu beten und nicht, den Unbekehrten zu predigen. An erster Stelle steht die Lehre, jedoch nicht als Dienst, sondern um einem Mangel Abhilfe zu schaffen. Aus der Lehre heraus entsteht das Gebet. Das Gebet ist der erste konkrete Dienst des Leibes Christi, ein nach außen gerichteter Dienst, der aus der Lehre heraus wächst. Wenn man das Wort Gottes sät, wird immer etwas daraus herauswachsen. Und was man sät, wird geerntet werden. Wenn man in den Herzen der Christen die ganze Wahrheit des Wortes Gottes sät, werden sie unweigerlich darauf reagieren. Als Reaktion darauf werden sie aktiv werden. Aber ihre Aktivität wird dem entsprechen, was gesät worden ist.

Lesen wir 1. Timotheus 3,14-15:

„Dies schreibe ich dir in der Hoffnung, bald zu dir zu kommen; wenn ich aber zögere, damit du weißt, wie man sich verhalten muß im Hause Gottes...“

Warum schrieb Paulus diesen Brief? Damit Timotheus wisse, wie man sich im Haus Gottes verhält. Paulus sagt weiter:

„...das die Gemeinde des lebendigen Gottes ist, der Pfeiler und die Grundfeste der Wahrheit.“

Das ist eine gewaltige Aussage, auf die ich jedoch an dieser Stelle nicht näher eingehen kann. Jedenfalls soll dieser Brief die Gläubigen darin unterweisen, wie sie sich in ihren Gemeinden oder Gruppierungen vor Ort zu verhalten haben. Der erste Dienst der Gläubigen ist das Gebet.

Lesen wir Jesaja 56. Dort finden wir einen sehr, sehr schönen Vers, eines jener wunderbaren poetischen Worte des Propheten Jesaja. Im vorangehenden Vers ist von jenen die Rede, die fremd und ausgestoßen und unerwünscht sind. Und nun sagt der Herr durch Jesaja (Vers 7):

„[Sie sollen sich nicht unerwünscht oder ausgestoßen oder abgelehnt fühlen, denn...] *„...die werde ich zu meinem heiligen Berg bringen und sie erfreuen in meinem Bethaus. Ihre Brandopfer und ihre Schlachtopfer sollen mir ein Wohlgefallen sein auf meinem Altar. Denn mein Haus wird ein Bethaus genannt werden für alle Völker.“*

Das Haus Gottes, die Gemeinde, soll also *„...ein Bethaus genannt werden für alle Völker“*. Eines ist sicher: Wenn sich Gottes Volk erfreut in seinem Bethaus, wird dies eine Freude sein, die Prüfungen und Schwierigkeiten standhält. Für Christen gibt es noch andere Arten von Freude, die jedoch Prüfungen nicht standhalten können. Doch wenn wir uns von Gott in seinem Bethaus erfreuen lassen, wenn Gottes Volk wirklich Freude am Gebet hat, steht es geistlich gesehen auf festen Füßen.

Als ich mich aus einem, wie ich es nennen möchte, „christlichen Heidentum“ heraus bekehrte, also aus der vollständigen Unkenntnis Gottes und der Dinge Gottes (obwohl ich 25 Jahre lang Mitglied einer Kirche gewesen war), gefiel mir das Gebetstreffen immer am besten. Das Gebetstreffen wollte ich um keinen Preis versäumen. Das war meinem eigenen Wesen eigentlich völlig fremd.

Ich erinnere mich noch, wie ich als Ungläubiger einmal davon hörte, dass einige Leute in ein Gebetstreffen gingen. Ich war mein Leben lang noch nie in einem Gebetstreffen gewesen. Ich wusste gar nicht, was das war. Soweit ich es verstand, wollten sie eine Stunde lang dort bleiben. Wissen Sie, was ich sagte? „Wie kann es sein, dass man soviel zum Beten hat, dass man gleich eine ganze Stunde dort bleiben muss?“

Doch als ich mich bekehrte und im Heiligen Geist getauft wurde, war das eine der Revolutionen, die sich augenblicklich in meinen innersten vollzogen. Nun wollte ich kein Gebetstreffen mehr versäumen. Und ich muss sagen, dass Gott mich in seinem Bethaus erfreute.

Gehen wir zurück zu 1. Timotheus und sehen wir uns den nächsten Vers an. Dort finden wir etwas, das der Leib Christi meiner Meinung nach auch vernachlässigt hat, was ihm und seinem sozialen Umfeld sehr geschadet hat. Als erstes Gebetsanliegen wurden ja „alle Menschen“ genannt; in Vers 2 heißt es dann:

> *„...für Könige und alle, die in Autorität stehen...“* (wörtl. a. d. Engl.)

Also nicht für die Prediger, nicht für die Missionare und nicht für die Kranken. Das erste konkrete Gebetsanliegen der Ortsgemeinde sind all jene, die in Autorität stehen.

Ich habe die Probe aufs Exempel gemacht. Ich war in Gemeinden und predigte dort und fragte die Leute dann: „Wie viele von euch haben in der vergangenen Woche mindestens einmal für ihr Regierungsoberhaupt und dessen Angelegenheiten gebetet und sich zu diesem Gebet auch Gedanken gemacht? Meistens heben auf diese Frage nicht einmal zwanzig Prozent der Anwesenden die Hand. Wenn es zwanzig Prozent sind, ist das schon außergewöhnlich. Was tun diese Leute? Sie missachten das oberste konkrete Gebetsanliegen.

Bruder Don trafen wir zum ersten Mal in Australien. Ich predigte dort. Ich predigte über das Gebet für jene, die in Autorität stehen. Ich sagte am Ende: „Wie viele von euch beten regelmäßig für die Königin von England und alle Staatsoberhäupter des Commonwealth?“ Von etwa hundertfünfzig Leuten hoben ungefähr fünf zögerlich die Hand. Don war nicht unter ihnen.

Ungefähr ein Jahr später traf ich ihn wieder; er hörte wieder einer meiner Predigten zu und sagte anschließend: „Bruder, du wirst mich nicht noch einmal kalt erwischen. Du hast mich einmal erwischt, aber kein zweites Mal. Wir in unserer Familie beten regelmäßig und täglich für die Regierungsoberhäupter.“ Er hat die Botschaft also verstanden.

Doch in diesem Punkt liegen die meisten Christen immer noch schief. Sie kritisieren ständig alles mögliche, doch Gebet ist ihnen fast unbekannt. Ich sage oft zu den Leuten: „Wenn ihr die Zeit, die ihr euch zum Kritisieren nehmt, zum Beten verwenden würdet, hättet ihr weniger zu kritisieren. Gott sei Dank sind die Menschen, die ihr kritisiert, in ihren Aufgabenbereichen weitaus treuer als ihr. Denn wenn das Oberhaupt dieser Nation und auch andere Regierende bei der Verwaltung ihrer Nationen nicht treuer wären als die Christen in ihrem Gebet für sie, gäbe es ein großes Chaos."

Das Leben einer Ortsgemeinde, wie es das Neue Testament sieht, ist ganz einfach, praktisch und effektiv. Im Römerbrief heißt es einmal: *„Denn es ist keine staatliche Macht außer von Gott, und die bestehenden sind von Gott verordnet."* Säkulare Autorität oder Macht ist von Gott verordnet. Aber es ist unsere Aufgabe, durch unsere Gebete dafür zu sorgen, dass sie so agiert, wie Gott es möchte. Wenn wir keine Regenten und Regierungsoberhäupter hätten, würde in unserer wie in allen anderen Nationen das Chaos regieren. Es ist der Gnade und Vorsehung Gottes zu verdanken, dass wir säkulare Autoritäten haben. Und wir haben die Verantwortung, für sie zu beten.

Ich könnte viel über dieses Thema schreiben. Das will ich jedoch nicht tun; ich will Sie nur darauf hinweisen, was das Bild von der Ortsgemeinde umfasst, die zusammen kommt und sich trifft; es ist wichtig festzuhalten, dass sie Lehre empfangen haben, dass sie Gemeinschaft miteinander pflegen und miteinander essen. Was tun sie unter diesen Rahmenbedingungen? Sie beten.

Man könnte nun sagen: „Das ist aber nicht sonderlich geistlich. Nun, wir gehen ins Gebetstreffen und nehmen unsere Liste mit Anliegen mit und beten dann." Doch die Atmosphäre dort ist oft eisig. Es ist nur eine religiöse Übung, weil das gemeinsame Gebet keine gemeinsame Grundlage hat. Doch wenn man aus der Lehre, der Gemeinschaft und dem gemeinsamen Essen heraus betet, ist das etwas ganz anderes.

Der entscheidende Punkt beim Beten ist nicht die Frage: Was möchten Sie, das Gott tut? Denn wenn jeder von uns eine halbe Stunde Zeit hätte, um Gott zu sagen, was er tun soll, würde uns schon bald nichts mehr einfallen. Was ist der springende Punkt? Wir müssen an den Punkt kommen, an dem wir wissen, dass Gott tun wird, was wir von ihm erbitten. Es ihm dann zu sagen ist kein besonderes Problem mehr. Und dieser Punkt, dieser Ort ist der Ort der Gemeinschaft.

Lesen wir Matthäus 18,19-20. In Vers 17 spricht er von der Ortsgemeinde. In Matthäus 18,17 erwähnt Jesus das einzige Mal überhaupt die Ortsgemeinde und dann gleich zweimal in einem Vers. Das ist die einzige Bezugnahme auf die Ortsgemeinde überhaupt. Dann sagt Jesus eben im Kontext der Ortsgemeinde:

> *„Wiederum sage ich euch: Wenn zwei von euch auf der Erde übereinkommen werden, irgendeine Sache zu erbitten, so wird sie ihnen werden von meinem Vater, der in den Himmeln ist. Denn wo zwei oder drei versammelt sind in meinem Namen* [genauer: „Wo zwei oder drei durch den Heiligen Geist zusammengebracht worden sind, um sich um mich, vertreten durch meinen Namen, herum zu versammeln...“], *da bin ich in ihrer Mitte.“*

Wenn zwei eine Harmonie erzielen können, Gemeinschaft miteinander haben, miteinander in Einklang stehen und eine Übereinstimmung erzielen, wenn sie eins werden, wird all das geschehen, was sie erbitten. Harmonie ist die Grundbedingung für effektives, gemeinsames Gebet. Das ist die korrekte Bedeutung des griechischen Worts „übereinkommen“ in diesem Vers. Von diesem griechischen Wort leitet sich unser Wort „Sinfonie“ ab, etwas das ein harmonisches Ganzes bildet. Wenn zwei Menschen miteinander harmonieren, sind ihre Gebete unwiderstehlich.

Der Teufel möchte uns mit allem Möglichen beschäftigen, nur nicht mit dem, was wirklich wichtig ist. Ich denke, der Teufel hat keine Angst vor Gebetstreffen. Kein bisschen! Ich persönlich bin der Überzeugung, dass in den meisten Gemeinden die meisten Gebete, die gesprochen werden, an der Zimmerdecke hängen bleiben. Gott hört sie nicht, denn ein Studium der Schrift macht deutlich, dass Gott ziemlich hohe Anforderungen an Gebete stellt, die er hört. Und er sagt: „Wenn ich sie höre, dann erhöre ich sie auch.“ Der Teufel hat Angst davor, dass zwei Menschen miteinander harmonieren. Und nur wenn zwei Menschen, das können auch Mann und Frau sein, sich dem Punkt nähern, an dem sie in Harmonie miteinander sind, wird der Teufel noch fünfzig weitere Dämonen ins Feld schicken, um diese Leute davon abzuhalten, diese Harmonie vollends zu erzielen.

Sie kennen das sicherlich. Lassen Sie sich davon aber nicht entmutigen. Sie werden erst dann zur Bedrohung für den Teufel, wenn schon fast Harmonie zwischen Ihnen und Ihren Mitchristen herrscht. Aber vergessen Sie nicht: Fast in Harmonie ist noch nicht ganz in Harmonie. Hören Sie sich einmal an, wie es klingt, wenn zwei Instrumente fast miteinander harmonieren und nur ein klein wenig unterschiedlich gestimmt sind.

*****

Gehen wir weiter. Ich möchte mich nun mit dem Unterschied zwischen „Hausgemeinde" und „Stadtgemeinde" beschäftigen. Das ist ein sehr umfangreiches Thema. Ich möchte nicht allzu ausführlich darauf eingehen, aber doch auf bestimmte offensichtliche Bedingungen hinweisen, die erfüllt sein müssen.

Die vielen tausend und abertausend Hauskreise, Hausgebetsgruppen und Bibelkreise in Amerika und anderen Nationen kann man gar nicht mehr zählen. Dahinter steckt keine menschliche Planung. Ich denke, das hat keine Denomination bewusst vorangetrieben. Die meisten Denominationen haben sogar Angst vor dieser Entwicklung; einige bekämpfen sie sogar - und dennoch geschieht es.

Wie ich es sehe, kann so eine Entwicklung nur zwei mögliche Urheber haben - Gott oder den Teufel. So wie ich den Teufel sehe, kann ich es kaum glauben, dass er Tausende und Abertausende Menschen im ganzen Land zusammenbringt, die in Gruppen zu unserem Herrn Jesus Christus beten. Also bleibt für mich nur die Alternative, dass Gott dahintersteckt. Ich persönlich möchte nicht gegen Gott kämpfen. Aber ich glaube, dass, obwohl diese kleinen Gebetsgruppen ungemein vollmächtig sind und ein gewaltiges Potential haben, bestimmte Bedingungen erfüllt sein müssen.

Den Ausdruck „Gemeinde im Haus" findet man an vier Stellen im Neuen Testament. Zunächst in Römer 16,5 und 1. Korinther 16,19. In beiden Stellen sind Aquila und Priscilla die Hauseigentümer und somit die Hausherren. In Kolosser 4,15 war ein gewisser Nymphas der Hausherr. In Philemon 2 ist von Philemons eigenem Haus die Rede.

Manche Leute verstehen unter einer „Hausgemeinde“, dass man sich am Dienstag Abend um 19.30 Uhr und am Sonntag Abend um 18.30 bei Bruder Smith zu Hause trifft. Ich persönlich glaube nicht, dass mit dem Begriff „Gemeinde im Haus“ das gemeint ist. Denken Sie daran: „Gemeinde“ heißt „die Versammlung“. Wie ich es verstehe, bezeichnet der Begriff „Gemeinde im Haus“, dass eine Gruppe von Christen in geordneter Gemeinschaft in einem Privathaus lebte. Ob sie dabei regelmäßig Treffen abhielten oder nicht, ist irrelevant. Es war ihre Gemeinschaft in diesem Haus unter dem Haupt Jesus Christus im Heiligen Geist, die eine „Gemeinde im Haus“ bildete. Das war nicht annähernd so künstlich und erzwungen wie einige sogenannte „Hausgemeinden“, denen wir heutzutage begegnen.

Ich weiß nicht, wie es Ihnen geht, doch ungefähr einmal pro Woche begegne ich jemandem, der sagt: „Ich bin da und da Mitglied einer neutestamentlichen Gemeinde.“ Und ich denke: „O Herr, ich wünschte, er wäre es nicht.“ Es liegt meines Erachtens nicht in der Macht eines Menschen oder einer Gruppe, eine neutestamentliche Gemeinde ins Leben zu rufen. Wie ich es verstehe, und ich erklärte das bereits in einem früheren Kapitel, hat man gar keine Wahl, wenn man an seinem Wohnort zum Leib Christi gehört. Man gehört dazu, sobald man zu Jesus Christus gehört. Und der Leib Christi oder die Gemeinde in dieser Stadt setzt sich aus allen Gläubigen dieser Stadt zusammen. Wenn man nun eine Gruppierung von 15 Erwachsenen und drei Kindern bei irgend jemand im Hinterhof als „neutestamentliche Gemeinde“ bezeichnet, ist dies im Grunde eine Karikatur der Wahrheit.

Doch auf eine Gruppe von Menschen, die als Gemeinschaft in einem Privathaus wohnt - von denen es in unserem Land heutzutage sehr viele gibt - würde die Bezeichnung „Gemeinde in einem Haus“ viel besser passen. Es geht darum, dass Gläubige in geordneter Gemeinschaft in einem Privathaus zusammenleben.

Wie ich es verstehe, sind diese Kleingruppen - ob sie nun tatsächlich eine Art Lebensgemeinschaft bilden oder ob sie sich regelmäßig bei Schwester Smith oder Bruder Jones zu Hause treffen, um Lehre zu empfangen und zu beten - die Zellen, aus denen sich der Leib, der die Gemeinde ist, zusammensetzt. Ich halte sie deshalb für außerordentlich wichtig, denn - auf den menschlichen Körper übertragen - gilt: Der Körper ist nur dann gesund, wenn auch seine Zellen gesund sind. Dasselbe gilt für den geistlichen Bereich: Wenn die Zellen nicht gesund sind, kann auch die ganze Gemeinde nicht gesund sein. Wenn man keine geistlich gesunden Familien hat, kann man auch keine geistlich gesunde Gemeinde haben. Man kann keine gesunde Gemeinde aus kranken Familien aufbauen. Wenn in den Häusern der Gläubigen Ordnung und Harmonie fehlen, kann es auch keine geordnete, harmonische Ortsgemeinde geben.

Anderseits sind diese Kleingruppen, diese Zellgruppen, nicht die Ortsgemeinde. Die Ortsgemeinde ist mehr als alle Gruppen zusammengenommen. Und einige Menschen haben den Fehler gemacht, sich mit der Tatsache zufriedenzustellen, dass sie eine nette, kleine Gruppe haben, die sich dreimal pro Woche zur Gemeinschaft und zum Gebet trifft. Danken wir Gott dafür, aber glauben wir nicht, dass dies das eigentliche Ziel sei. Das ist nicht das Ziel. Das Ziel ist etwas viel größeres und viel schwerer zu erreichen als das. Das Ziel ist, dass alle Gläubigen, alle Gruppen und Gruppierungen der jeweiligen Stadt oder Region, ein organisches Ganzes bilden.

Ich möchte Sie darauf hinweisen, dass das Neue Testament zwar die regelmäßige Gemeinschaft der Gläubigen in Privathäusern anerkennt, aber uns dennoch nicht gestattet, uns damit zufrieden zu geben, so als hätten wir damit unser Ziel erreicht. Ich habe mich eingehend mit diesem Thema befasst und werde Ihnen nun acht verschiedene Gründe nennen, aus denen im Neuen Testament alle Gläubigen einer Stadt oder einer Region ganz normal und natürlich zusammenkamen - nicht bei irgend jemandem zu Hause, sondern als Versammlung *aller* Gläubigen. Und in vielen Fällen müssen dabei 15000 oder 20000 Menschen zusammengekommen sein. Man schätzt, dass die Gemeinde in Antiochien und Syrien zur Zeit, als Paulus und Barnabas dort ein- und ausgingen, mindestens 40000 Menschen zählte. Die Gemeinde in Jerusalem muss wohl mehr als 50000 Mitglieder gehabt haben. In Korinth schätzt man ein Minimum von 25000 Christen, und dennoch spricht Paulus in seinen Briefen an die Korinther davon, dass die *ganze* Gemeinde an einem Ort zusammenkommt. Er denkt dabei nicht an eine Kleingruppe oder an einen Hauskreis.

Sehen wir uns hierzu kurz einige passende Passagen an. 1. Korinther 14,23:

„Wenn nun die ganze Gemeinde [an einem Ort] zusammenkommt...“

Wir brauchen nicht weiterzulesen. Er geht davon aus, dass dies geschieht. Wie gesagt muss diese Gemeinde, vorsichtigen Schätzungen zufolge, mindestens 25000 Personen gezählt haben. Er spricht davon, dass die ganze Gemeinde zusammenkommt. Das heißt nicht notwendigerweise alle 25000 Menschen, aber es heißt, dass es eine Veranstaltung gab, die allen 25000 Menschen offen stand, und vermutlich nahmen mehr als fünfzig Prozent davon daran teil. Wir können davon ausgehen, dass mehr als 15000 Menschen zusammenkamen. Das ist keine „Hausgemeinde“.

*****

Zu welchem Zweck kam die Gemeinde in dieser Größenordnung zusammen? Ich werde die Gründe kurz ansprechen.

Den ersten Grund finden Sie drei Verse weiter in 1. Korinther 14,26. Der Kontext ist, dass die *ganze* Gemeinde zusammenkommt. Hier wird nicht ausschließlich auf eine Kleingruppe Bezug genommen:

„Was ist nun, Brüder? Wenn ihr zusammenkommt, so hat jeder einen Psalm, hat eine Lehre, hat eine Sprachenrede, hat eine Offenbarung, hat eine Auslegung; alles geschehe zur Erbauung.“

Ich habe versucht, dies zusammenzufassen. Paulus stellt den Zweck des gemeinsamen Treffens aller Gläubigen so dar, dass **(1.) sie sich gegenseitig durch ihre jeweiligen Gaben und Dienste auferbauen.**

Den zweiten Grund finden wir in 1. Korinther 11,22-33. Ich habe diese Passage bereits angesprochen und sagte, dass die Christen in Korinth offensichtlich zu einem gemeinsamen Abendessen zusammenkamen und dies dann als „Abendmahl“ bezeichneten. Paulus sagte: „Nein, das ist nicht das Abendmahl.“ Er hatte nichts dagegen, dass sie zu diesem Zweck zusammenkamen, aber er sagte: „Das ist nicht das Abendmahl.“ Weiters heißt es hier:

> *„Habt ihr denn nicht Häuser, um zu essen und zu trinken?* [Das spielte sich also nicht in den Privathäusern ab. Dann kommen seine Anweisungen für das Abendmahl ab Vers 23:] *Denn ich habe von dem Herrn empfangen, was ich auch euch überliefert habe...* [In Vers 33 fasst er seine Anweisungen folgendermaßen zusammen:] *Daher, meine Brüder, wenn ihr zusammenkommt, um zu essen, so wartet aufeinander.“*

Für mich besteht kein Zweifel, dass Paulus davon ausging, dass in Korinth eine große Gruppe von Christen, mehrere tausend Menschen, zusammenkamen, um **(2.) Abendmahl zu feiern**. In einem Privathaus hätte das unmöglich stattfinden können. Es ist absolut unstrittig, dass er nicht von einem Treffen in einem Privathaus ausging, denn er sagt ja: *„Habt ihr denn nicht Häuser, um zu essen und zu trinken?“* Das ist nichts, was in seinen Augen im Rahmen eines Privathauses denkbar gewesen wäre.

Der dritte Grund für dieses Zusammenkommen, ja eigentlich die nächsten drei Gründe, hängen alle mit dem zusammen, was ich als „mobile Dienste“ bezeichnet habe. Betrachten wir Apostelgeschichte 21,20-22. Der Apostel Paulus war etliche Jahre von Jerusalem weg gewesen, kam zurück und wandte sich an Jakobus und die Brüder. Jakobus und die Brüder in Jerusalem sagten: „Wir müssen ein Treffen ansetzen, damit du der ganzen Gemeinde dienen kannst.“ Wir lesen in Vers 20, was sie sagten:

> *„Sie aber, als sie es gehört hatten, verherrlichten Gott und sprachen zu ihm* [Paulus]*: Du siehst, Bruder, wie viele Tausende der Juden es gibt, die gläubig geworden sind* [im Griechischen heißt es wörtlich: „Wie viele Myriaden, wie viele Zehn-

tausende Juden es sind, die in der Stadt Jerusalem gläubig geworden sind"], *und alle sind Eiferer für das Gesetz. Es ist ihnen aber über dich berichtet worden, daß du alle Juden, die unter den Nationen sind, Abfall von Mose lehrest und sagest, sie sollen weder die Kinder beschneiden noch nach den Gebräuchen wandeln. Was nun? [Jedenfalls muß die Menschenmenge zusammenkommen]"*

Das ist keine Kleingruppe. Warum muss sich die Menge treffen? **(3.) Weil ein mobiler Dienst in der Person des Paulus vom Heiligen Geist in die Stadt Jerusalem geführt wurde,** soll auch die ganze Gemeinde in Jerusalem in den Genuss dieses mobilen Dienstes kommen. Es ist die Verantwortung der Leiter vor Ort, die ganze Gemeinde zusammen zu rufen und den mobilen Dienst - hier in der Person des Apostels Paulus - der ganzen Gemeinde zugänglich zu machen.

In Apostelgeschichte 14 lesen wir von einem ähnlichen Grund für dieses große Treffen. In Apostelgeschichte 13 und 14 wird die, wie sie landläufig genannt wird, erste Missionsreise von Paulus und Barnabas beschrieben. Am Anfang von Apostelgeschichte 13 werden sie von der Gemeinde in Antiochia unter Handauflegung ausgesandt und dem Herrn anbefohlen. Am Ende von Apostelgeschichte 14 lesen wir von ihrer Rückkehr in die Gemeinde, die sie ausgesandt hatte. Wir lesen die Verse 26 bis 28:

„...und von da segelten sie ab nach Antiochia, von wo sie der Gnade Gottes befohlen worden waren zu dem Werk, das sie erfüllt hatten. [Sie waren von den Leitern der Gemeinde durch Handauflegung der Gnade Gottes befohlen worden....] *Als sie aber angekommen waren und die Gemeinde zusammengebracht hatten, erzählten sie alles, was Gott mit ihnen getan und daß er den Nationen eine Tür des Glaubens aufgetan habe."*

Sie „brachten die Gemeinde zusammen". Das müssen mindestens 15000 Menschen gewesen sein, vermutlich noch mehr. Und sie erzählten ihnen alles, was auf ihrer Missionsreise geschehen war. Warum? Das war ganz logisch. Schließlich war dies die Gemeinde, die sie ausgesandt hatte, die Gemeinde, die für sie Verantwortung übernommen hatte, die Gemeinde, die in gewisser Hinsicht ihren Dienst sponserten. Sie waren es dieser Gemeinde schuldig, wieder zurückzukommen und zu berichten, was Gott getan hat. Das ist völlig logisch.

Es verdeutlicht auch das Prinzip, dass die Leute, die von einer Ortsgemeinde ausgesandt werden, dieser auch rechenschaftspflichtig sind. Im Neuen Testament finden wir niemanden, der ausgesandt wurde, aber der Gemeinde, die ihn ausgesandt hat, nicht rechenschaftspflichtig gewesen wäre. **(4.) Und sogar Paulus und Barnabas mussten zurückkommen und von ihrer Verwalterschaft Zeugnis abgeben und der Gemeinde, die sie ausgesandt hatte, von ihrem Dienst berichten.**

Einen weiteren, mit mobilen Diensten im Zusammenhang stehenden Grund finden wir in Kolosser 4,16. Wenn Paulus und die anderen Apostel nicht in eine bestimmte Stadt gehen konnten, schrieben sie oftmals einen Brief mit den Anweisungen und Instruktionen, die die Gemeinde in dieser speziellen Stadt benötigte. Und sobald die Ältesten vor Ort diesen Brief bekamen, war es ihre Verantwortung, alle Gläubigen in dieser Stadt zusammenzurufen und den Brief vorzulesen. Vergessen Sie nicht, dass vermutlich mindestens die Hälfte dieser Christen weder lesen noch schreiben konnte. Sie konnten den Brief nicht selbst lesen. Wie erfuhren sie, was darin stand? Von den Leitern. Die ganze Gemeinde kam zusammen. Die Leiter lasen den Brief langsam vor. Zweifellos lasen sie ihn vielleicht ein oder zwei oder dreimal vor. Die Leute sagten: „Das habe ich nicht verstanden. Lies noch einmal. Wie hat er das gemeint?" Und dann antworteten sie ihnen. Aber der Brief stand im Mittelpunkt des Interesses und war Anlass für ein Treffen der ganzen Gemeinde. Lesen wir, wie dies in Kolosser 4,16 beschrieben wird:

> *„Und wenn der Brief bei euch gelesen ist, so veranlaßt, daß er auch in der Gemeinde der Laodizeer gelesen werde und daß auch ihr den aus Laodizea lest..."*

Kolossä und Laodizea waren Nachbarstädte im damaligen Kleinasien. Offensichtlich hatte Paulus auch der Gemeinde in Laodizea einen Brief geschrieben, der nicht überliefert ist. Da sie Nachbarstädte waren, hatten sie ähnliche Probleme. Paulus wollte die ganze Fülle seines Rats und seiner Erkenntnis nicht einer einzigen Gemeinde geben. Deshalb teilte er ihn auf zwei Briefe auf und sagte: „Wenn dieser Brief in Kolossä ankommt, wird er unter euch vorgelesen werden; und wenn ihr damit fertig seid, schickt ihn der Gemeinde in Laodizea, damit er dort vorgelesen werde. Ich habe der Gemeinde in Laodizea auch einen Brief geschickt, der anschließend zu euch geschickt und bei euch vorgelesen werden soll." **(5.) Paulus ging also voller Zuversicht davon aus, dass in jeder Stadt die Gesamtheit der Gläubigen zusammengerufen werden würde, damit sie hören würden, wie der Brief, den er an sie geschrieben hatte, laut vorgelesen wird.**

Ein weiteres Beispiel finden Sie in Apostelgeschichte 15,30. Sie können diese Bibelstelle für sich lesen. Betrachten wir jedoch hier 1. Thessalonicher 5,27, eine sehr eindringliche Stelle. Paulus sagt:

„Ich beschwöre euch bei dem Herrn, daß der Brief allen Brüdern vorgelesen werde."

Es war eine absolute Notwendigkeit, alle Gläubigen zusammenzuholen und ihnen den Brief vorzulesen. Wenn Paulus sagt: „Ich beschwöre euch bei dem Herrn...", ist das nichts Nebensächliches oder Unwichtiges.

Auch in Apostelgeschichte 15,30 ist davon die Rede, dass ein Brief an die ganze Gemeinde in Antiochia geschrieben wurde; in Offenbarung 2 und 3 wird deutlich, dass davon ausgegangen wird, dass ein Brief, der an eine der sieben Gemeinden gesandt wird, auch der ganzen Gemeinde vorgelesen wird. Es hat also einen ganz konkreten Grund, warum die ganze Gemeinde zusammenkam.

*****

Sehen wir uns noch drei weitere Gründe an. Der sechste Grund: **(6.) Die Gemeinde kam zusammen, um Fragen der Lehre und allgemeine Angelegenheiten zu regeln, die alle Gläubigen betrafen.** Lesen wir hierzu Apostelgeschichte 15. Diese Schriftstelle widmet sich fast ausschließlich der Frage, was man von den Nichtjuden fordern sollte, die zu Jesus Christus kamen und als Christen anerkannt werden wollten. Einige der Pharisäer sagten: „Nun, sie müssen Proselyten werden; sie müssen sich dem Gesetz des Mose unterordnen und sich beschneiden lassen. Wenn sie das Gesetz halten, werden wir ihren Glauben an den Messias anerkennen.“ Doch Paulus und Barnabas sagten: „Nein, so soll es nicht sein.“ Deshalb kam die ganze Gemeinde in Jerusalem zusammen, um diese Frage zu regeln. Für mich ist es phantastisch zu sehen, dass sie alle ursprünglich Juden waren.

Ein jüdischer Freund sagte einmal zu mir: „Wenn zwei Juden zusammenkommen, hast du einen Streit. Wenn drei Juden zusammenkommen, hast du eine Revolution.“ Und hier kamen vielleicht 30000 Juden zusammen. Der Sprachgebrauch ist auffallend. Wenn das nicht die Gnade des Heiligen Geistes war, was dann? Sie gingen davon aus, dass die Gnade Gottes wirksam werden würde.

Apostelgeschichte 15,22:

„Dann schien es den Aposteln und den Ältesten samt der ganzen Gemeinde gut, Männer aus ihrer Mitte zu erwählen und sie mit Paulus und Barnabas nach Antiochia zu senden...“

Die ganze Gemeinde kam zusammen. Sie trafen diese Entscheidung; sie zogen diesen Schluss, und es war eine sehr knifflige Entscheidung. Was sollte man von den Nichtjuden verlangen, die an Jesus Christus glauben wollten?

Es ist schon eigenartig, aber die meisten nichtjüdischen Gläubigen wissen bis auf den heutigen Tag nicht, was von ihnen verlangt wird. Es sind nur vier Dinge: sich zu enthalten von Götzenopfern und von Blut und von Ersticktem und von Unzucht. Diese vier Dinge fallen alle in dieselbe Kategorie. Das ist alles, was von nichtjüdischen Gläubigen, die zum Herrn Jesus Christus kommen, in punkto Gesetzesgehorsam verlangt wird. Das ist überaus wichtig, denn die überwiegende Mehrheit von uns sind Nichtjuden. Wir sollen wissen, was Gott von uns verlangt. Wir sollen nichts essen, was erstickt wurde, oder in dem noch Blut ist. Das Wort Gottes stellt diese Dinge auf eine Ebene mit Unzucht. Ich denke, den meisten von uns hier ist klar, dass Unzucht für Christen außer Frage steht. Dasselbe gilt für Dinge, in denen noch Blut ist und die erstickt wurden. Das ist wirklich bemerkenswert. Viele, viele nichtjüdische Gläubige haben keine Ahnung, dass dies von ihnen verlangt wird.

Lesen wir weiter. Vers 25:

> *„...schien es uns, nachdem wir einstimmig geworden, gut,...“* [Vers 28, eine noch erstaunlichere Aussage:] *Denn es hat dem Heiligen Geist und uns gut geschienen...“*

Diese Gruppe jüdischer Gläubiger war absolut einer Meinung in Bezug darauf, was der Heilige Geist wollte. Es ist ein Prinzip, dass Angelegenheiten der Lehre und des praktischen Zusammenlebens, die alle Gläubigen betreffen, in einem Treffen der gesamten Gemeinde geregelt werden müssen. Die Apostel und Ältesten führten vorbereitende Gespräche, doch sobald sie ihrer Meinung nach den Willen Gottes erkannt hatten, musste dies erst noch von der ganzen Gemeinde bestätigt werden.

In 1. Korinther 5 finden wir eine andere Situation vor, in der Paulus verlangte, dass die ganze Gemeinde vor Ort zusammenkommen sollte. Es ist wichtig, auch das festzuhalten. Es gab einen schrecklichen Fall von unmoralischem Verhalten. Ein Mann trieb Inzest mit der Frau seines Vaters. Wir brauchen nicht näher darauf einzugehen, weil es hier nämlich ein paar Punkte gibt, bei denen nicht hundertprozentig klar ist, was Paulus eigentlich dachte. Aber es gab einen Fall von eklatanter, sexueller Unmoral.

Bitte beachten Sie, dass Paulus diesen Fall nicht vertuschte; er sagte nicht, man solle sich im stillen Kämmerchen damit befassen. Vielmehr forderte er, diese Sache vor die ganze Gemeinde zu bringen, beim Namen zu nennen und etwas dagegen zu unternehmen. Er sagt in 1. Korinther 5,1-5:

> *„Überhaupt hört man, daß Unzucht unter euch sei, und zwar eine solche Unzucht, die selbst unter den Nationen nicht stattfindet: daß einer seines Vaters Frau habe. Und ihr seid aufgeblasen und habt nicht vielmehr Leid getragen, damit der, welcher diese Tat begangen hat, aus eurer Mitte hinweggetan*

würde! Denn ich, zwar dem Leibe nach abwesend, aber im Geiste anwesend, habe schon als anwesend das Urteil gefällt über den, der dieses so verübt hat, - wenn ihr und mein Geist mit der Kraft unseres Herrn Jesus versammelt seid - einen solchen im Namen unseres Herrn Jesus dem Satan zu überliefern zum Verderben des Fleisches, damit der Geist errettet werde am Tage des Herrn."

Ohne jede Frage ging Paulus davon aus, dass die ganze Gemeinde zusammenkam und sein Brief gleichsam als sein Stellvertreter vorgelesen wurde; **(7.) im gemeinsamen Treffen aller Gläubigen und nach Verlesung des Briefs des Paulus sollte der Mann, der diese schreckliche Sünde verübt hatte, dem Satan überliefert werden**, nicht zur Verdammnis seiner Seele, sondern zum Gericht Gottes in diesem Leben, damit er auf diese Weise zur Buße bewogen und seine Seele letztendlich errettet werde. Man könnte noch viele Aspekte davon herausarbeiten, doch dies würde den Rahmen dieses Buches sprengen.

Wir halten auf jeden Fall fest, dass gravierende Unmoral nicht vertuscht und unter den Teppich gekehrt werden konnte; vielmehr wurde sie mit Namen genannt und ans Licht gebracht, und vor der ganzen Gemeinde wurde etwas dagegen unternommen. Ich denke, es gibt keine andere Möglichkeit, die Gemeinde rein zu halten. Ich könnte Ihnen mindestens vier Städte in den USA und vier verschiedene Namen nennen, die vielleicht die meisten von euch kennen würden, wo dies nicht getan wurde, obwohl man es hätte tun sollen. Das hatte katastrophale Folgen für den ganzen Leib Christi. Wer meint, er hätte eine bessere Vorgehensweise als Gott, der soll anhand seiner Resultate beurteilt werden. Doch bislang habe ich nichts besseres gesehen.

Die Schrift nennt schließlich noch einen Grund, weshalb man die ganze Gemeinde vor Ort zusammenrufen soll. Matthäus 18,15-17:

„Wenn aber dein Bruder sündigt, so geh hin, überführe ihn zwischen dir und ihm allein. Wenn er auf dich hört, so hast du deinen Bruder gewonnen. Wenn er aber nicht hört, so nimm noch einen oder zwei mit dir, damit aus zweier oder dreier Zeugen Mund jede Sache bestätigt werde."

Erster Schritt: Sprich mit dem Bruder unter vier Augen. Wenn er auf dich hört, ist das Problem gelöst und man braucht die Sache nicht weiter zu verfolgen. Wenn er nicht zuhört, dann nimm zwei zuverlässige Zeugen mit, damit alles, was gesagt wird, von den Zeugen bestätigt und registriert wird. Wenn er dann auf dich hört, ist der Fall erledigt und man muss die Sache nicht weiter verfolgen. **(8.) Wenn er aber nicht auf dich hört, folgt der unausweichliche dritte Schritt, in dem man das Ganze vor die Gemeinde bringt:**

> *„Wenn er aber nicht auf sie hören wird, so sage es der Gemeinde; wenn er aber auch auf die Gemeinde nicht hören wird, so sei er dir wie der Heide und der Zöllner.“*

Auch hier haben wir es wieder mit etwas sehr Ernstem zu tun. Der Bruder, dessen Fall in der rechtmäßigen Ordnung vor die ganze Gemeinde gebracht wird und der sich weigert, den Entschluss der Ortsgemeinde anzunehmen, wird nicht länger wie ein Christ behandelt. *„...so sei er dir wie der Heide und der Zöllner.“* Das ist keine abschätzige Formulierung; das heißt nur, dass er das Recht, als Christ erachtet zu werden, verwirkt hat. Solange er nicht Buße tut und sich der Ortsgemeinde unterordnet, soll man von ihm nicht wie von einem Christen sprechen oder denken. Das ist das massivste Züchtigungsmittel der Ortsgemeinde. Darüber hinaus gibt es nichts mehr. Doch wenn es im Geist Gottes eingesetzt wird, ist es überaus effektiv.

Ich habe schon in verschiedenen Gruppierungen erlebt, wie verschiedene Formen von Gemeindezucht angewandt wurden und bin zu dem Schluss gekommen, dass die geistlichen Züchtigungsmethoden Gottes die einzigen sind, die der jeweiligen Situation gerecht werden und die erforderlichen Resultate hervorbringen.

*****

Ich fasse diese Gründe rasch zusammen, weshalb dem Neuen Testament zufolge die ganze Gemeinde einer Stadt zusammengerufen wird:

1. *Um einander durch Gaben und Dienste aufzuerbauen.*
2. *Um miteinander Abendmahl zu feiern.*
3. *Um von mobilen Diensten, die die Gemeinde besuchen, auferbaut zu werden.*
4. *Um Berichte von mobilen Dienern zu hören, die in die Ortsgemeinde zurückkehren, die sie ausgesandt hat.*
5. *Um Briefe vorzulesen, die mobile Diener der Gemeinde gesandt haben.*
6. *Um Fragen der Lehre und des praktischen Lebens zu regeln, die alle Gläubigen betreffen.*
7. *Um Zucht und angemessene Verhaltensnormen unter den Gläubigen zu bewahren.*
8. *Um Streitigkeiten zwischen Gläubigen zu regeln.*

In Fragen der Lehre, der Zucht, der Moral oder bei Streitigkeiten zwischen Gläubigen ist die ganze Ortsgemeinde die oberste Instanz.

*****

Sie fragen sich nun: „Wo wurden diese Versammlungen abgehalten?“ Dazu schweigt sich die Bibel aus. Sie sagt nichts darüber. Wir kennen ein paar Orte. Es heißt in Apostelgeschichte 2,46 und 5,42, sie hätten sich im Tempel getroffen. In Apostelgeschichte 19,9 predigte Paulus eineinhalb Jahre lang in einer Philosophenschule. In Apostelgeschichte 28 heißt es, sie hätten sich in einem Obergemach getroffen. Doch entscheidend ist, dass es uns die Bibel deshalb nicht sagt, weil es nicht wichtig ist. Jeder Ort, der die Anforderungen erfüllt, ist geeignet.

Bezeichnend ist jedoch, dass im Neuen Testament kein einziges Mal davon berichtet wird, dass Gläubige ein Gemeindehaus oder eine Kirche gebaut hätten. Soweit ich die Kirchengeschichte verstehe, in der ich mich nicht übermäßig gut auskenne, entstand der erste Bau, der konkret als Kirche errichtet wurde, im Jahr 222, also gut zweihundert Jahre nach Pfingsten. Das ist um so bemerkenswerter, da die Völker, unter denen die Christen lebten, eine Bautradition hatten: Die Juden bauten Synagogen; die Heiden bauten Tempel. Doch die Christen, die entweder jüdische oder heidnische Wurzeln hatten, bauten nichts. Das ist bemerkenswert, und ich denke, das müssen wir angesichts dessen, was Gott heute in unserem Land tut, in Betracht ziehen.

*****

Abschließend möchte ich noch auf etwas hinweisen: Damit diese Art Gemeinschaft, nämlich dass der ganze Leib an einem bestimmten Punkt zusammengerufen werden kann, effektiv ist, müssen alle Leiter vor Ort eine enge und regelmäßige Gemeinschaft miteinander pflegen. Die Ältesten einer Stadt oder Region waren in der Lage, sich zu treffen und eventuell auftauchende Probleme zu diskutieren. Wo diese Gemeinschaft der Leiter vor Ort fehlt, ist die Gemeinde nur eine Ansammlung isolierter kleiner Gruppen und Zellen, die nie innerhalb eines Leibs ein Ganzes bilden und somit auch nicht als Leib funktionieren können. Das ist eine absolut grundlegende Bedingung für die Funktionsfähigkeit der Ortsgemeinde: Die Gemeinschaft der Leiter vor Ort, die sich gegenseitig anerkennen, sich treffen, sich austauschen, ihren Gemeinden dann von diesen Treffen berichten und dafür sorgen, dass die gemeinsam gefällten Entscheidungen auch in die Praxis umgesetzt werden.

Kapitel 4: Braut oder Hure?

In diesem Kapitel möchte ich ein Thema aufgreifen, das eine prophetische Komponente hat. Mit anderen Worten: Es blickt nach vorne in die Zukunft, auch wenn ich persönlich der Überzeugung bin, dass die Zukunft, mit der wir uns in dieser Lehreinheit befassen, nicht mehr weit weg ist. Vieles von dem, was dieses Kapitel anreißt, ist schon jetzt unter bekennenden Christen deutlich zu sehen.

*****

Lesen wir eingangs zwei oder drei Passagen aus der Offenbarung, die mit unserem Thema im Zusammenhang stehen. Zunächst lesen wir von der „großen Hure", wie es in vielen Bibelübersetzungen heißt; man könnte sie etwas moderner auch als „Prostituierte" oder „Ehebrecherin" bezeichnen. Anschließend lesen wir von der wahren Braut Christi.

Beginnen wir mit Offenbarung 17,1-5:

„Und es kam einer von den sieben Engeln, welche die sieben Schalen hatten, und redete mit mir und sprach: Komm her, ich will dir das Gericht über die große Hure zeigen, die an vielen Wassern sitzt, mit der die Könige der Erde Unzucht getrieben haben; und die Bewohner der Erde sind trunken geworden von dem Wein ihrer Unzucht. Und er führte mich im Geist hinweg in eine Wüste; und ich sah eine Frau auf einem scharlachroten Tier sitzen, das voll Lästernamen war und sieben Köpfe und zehn Hörner hatte. Und die Frau war bekleidet mit Purpur und Scharlach und übergoldet mit Gold und Edelgestein und Perlen, und sie hatte einen goldenen Becher in ihrer Hand, voll Greuel und Unreinheit ihrer Unzucht; und sie hatte an

ihrer Stirn einen Namen geschrieben, ein Geheimnis: ‚Babylon, die große, die Mutter der Huren und der Greuel der Erde'.“

Dem möchte ich das Bild von der Braut aus Offenbarung 19,7-8 gegenüberstellen:

„Laßt uns fröhlich sein und frohlocken und ihm die Ehre geben; denn die Hochzeit des Lammes ist gekommen, und sein Weib [seine Braut] *hat sich bereitgemacht. Und ihr wurde gegeben, daß sie sich kleide in feine Leinwand, glänzend, rein; denn die feine Leinwand sind die gerechten Taten der Heiligen.“*

Lesen wir auch noch Offenbarung 21,9, wo ähnliche Formulierungen verwendet werden, auch wenn hier die Erfüllung der Ziele Gottes schon weiter fortgeschritten ist. Offenbarung 21,9:

„Und es kam einer von den sieben Engeln, welche die sieben Schalen hatten, voll der sieben letzten Plagen [und es ist höchstwahrscheinlich derselbe Engel], *und redete mit mir und sprach: Komm her, ich will dir die Braut, das Weib des Lammes, zeigen.“*

Hier haben wir zwei eklatante Gegensätze - die Hure und die Braut. Wir wissen aus vielen Stellen des Neuen Testaments, dass die Braut ein Titel der wahren Gemeinde Jesu Christi ist. Die „Braut“ ist keine einzelne Person, sondern eine Gruppe von Gläubigen, die durch ihren Glauben an Jesus Christus vereint sind.

Der Sprachgebrauch der Bibel legt den Schluss nahe, dass auch die „Hure“ eine Gruppe versinnbildlicht und keine Einzelperson; auch diese Gruppe muss in gewisser Hinsicht eine religiöse Gruppe sein - ob wir dafür nun das Wort „Gemeinde“ verwenden oder nicht, sei dahingestellt.

Wie ich die Bibel sehe und wenn ich mitverfolge, wie Gottes Absichten zutage treten und sich seine Prophetien erfüllen, wächst in mir die Gewissheit, dass es am Ende dieser Zeitphase in der Christenheit, d.h. unter allen bekennenden Christen (wie auch immer sie sich nennen) - ja, man könnte sogar noch weitergehen und sagen in der gesamten religiösen Welt - nur noch zwei bedeutsame Gruppierungen geben wird: die Braut und die Hure.

Das ist nicht nur graue Theorie, sondern von eminenter Bedeutung für jeden einzelnen von uns, da die Zeit so schnell zu Ende geht, dass jeder einzelne von uns, der heute hier ist, vermutlich vor die persönliche Entscheidung gestellt werden wird, ob er sich der Hure oder der Braut anschließen wird; ich glaube, dass es dann keine andere Alternative mehr für uns geben wird.

*****

Von der Offenbarung möchte ich nun zurückgehen zum ersten Buch der Bibel, dem 1. Buch Mose. Sicherlich ist Ihnen bewusst, dass fast alles, was in 1. Mose beginnt, in der Offenbarung abgeschlossen wird. Es besteht ein bemerkenswerter innerer Zusammenhang zwischen diesen beiden Büchern.

Ich möchte die bekannte Stelle lesen, wo Kain und Abel, die beiden Söhne von Adam und Eva, Gott ihre Opfer darbringen. Das ist das erste Mal, dass in der Bibel etwas auftaucht, das ich als „Religion" bezeichnen möchte; und fast immer, wenn etwas in der Bibel zum ersten Mal auftaucht oder vorgestellt wird, treten gleichzeitig auch die großen, grundlegenden Wahrheiten zutage; alle weiteren Verweise sind lediglich Erweiterungen und Vertiefungen der in der ersten Offenbarung enthaltenen Wahrheiten.

Häufig ist die erste biblische Erwähnung oder Präsentation eines wichtigen Konzepts wie ein Same, aus dem jede nachfolgende Offenbarung und Lehre herauswächst. Das gilt auch für dieses Bild von zwei Arten von Religion - Abels Religion und Kains Religion. Wie ich die Menschheitsgeschichte von damals bis heute sehe, kannte die Menschheit nie andere Arten von Religion als diese beiden, und jeder Mensch, der eine Religion hat, hat entweder die Religion Kains oder die Religion Abels. Es gibt nichts anderes.

Ich denke, wir brauchen in diesem Punkt einen sehr klaren Blick und sollten dankbar sein, dass die Bibel diese beiden unterschiedlichen, einander entgegengesetzten Arten von Religion so deutlich offen legt. Dass sie einander entgegengesetzt sind, zeigt dieser biblische Bericht, der mit einem Brudermord endet. Kein Wort dieser ganzen Passage ist zufällig oder irrelevant.

Die Geschichte an sich ist recht kurz, aber jede Einzelheit ist von außerordentlicher Bedeutung. Lesen wir 1. Mose 4,3-8:

„Und es geschah nach einiger Zeit, da brachte Kain von den Früchten des Ackerbodens dem Herrn eine Opfergabe. Und Abel, auch er brachte von den Erstlingen seiner Herde und von ihrem Fett. Und der Herr blickte auf Abel und auf seine Opfergabe; aber auf Kain und auf seine Opfergabe blickte er nicht. Da wurde Kain sehr zornig, und sein Gesicht senkte sich. Und der Herr sprach zu Kain: Warum bist du zornig, und warum hat sich dein Gesicht gesenkt? Ist es nicht so, wenn du recht tust, erhebt es sich? Wenn du aber nicht recht tust, lagert die Sünde vor der Tür. Und nach dir wird ihr Verlangen sein, du aber sollst über sie herrschen. Und Kain sprach zu seinem Bruder Abel. Und es geschah, als sie auf dem Feld waren, da erhob sich Kain gegen seinen Bruder Abel und erschlug ihn."

Diese beiden Typen oder Arten von Religion könnte man folgendermaßen charakterisieren:

Die Religion Abels ist Gnade, die man durch Glauben empfängt. Die Religion Kains ist Werke ohne Gnade. Vertiefen wir diese Charakterisierung noch etwas weiter und halten dabei die folgenden sechs Gegensätze fest:

1. Abel empfing göttliche Offenbarung

Er wusste, was von ihm in Bezug auf das Opfer verlangt wurde, weil es der Herr ihm offenbart hatte. Dies finden wir in Hebräer 11, wo diese Begebenheit erwähnt wird. In Hebräer 11,4 heißt es über Abel:

„Durch Glauben brachte Abel Gott ein besseres Opfer dar als Kain, durch welchen Glauben er das Zeugnis erhielt, daß er

gerecht war, indem Gott Zeugnis gab zu seinen Gaben; und durch diesen Glauben redet er noch, obgleich er gestorben ist.“

Als erstes heißt es, Abel hätte Gott sein Opfer „durch Glauben“ dargebracht. In der Bibel beruht Glaube stets auf der Offenbarung des Wortes Gottes. Betrachten wir in diesem Zusammenhang Römer 10,17; dort erklärt die Bibel, wie Glaube entsteht: *„So kommt denn der Glaube durch das Hören und das Hören durch das Wort Gottes“* (wörtl. a. d. Engl.). In einigen neueren Bibelausgaben heißt es alternativ dazu: „...und das Hören durch die Predigt Christi“. Das macht eigentlich keinen Unterschied, denn das Wort Gottes ist die Predigt Christi. Wir halten auf jeden Fall fest, dass der Glaube dadurch entsteht, dass man hört, was Gott in seinem Wort sagt. Der Glaube beruht auf der Offenbarung Gottes in seinem Wort.

Nun heißt es, Abel brachte sein Opfer durch Glauben dar. Damit ist klar, dass er eine Offenbarung von Gott hatte, die Auslöser seines Handelns war. Er hatte Glauben, der dadurch entstanden war, dass er gehört hatte, was Gott offenbart hatte.

Andererseits ist auch klar, dass Kain dieselbe Offenbarung gehabt haben muss, sie aber verwarf. Die Offenbarung bestand darin, dass ein Sühneopfer gebracht werden musste, bevor sich ein Sünder Gott nähern und bei ihm Gunst finden konnte. Abel gehorchte der Offenbarung, die es erforderlich machte, dass er sich selbst demütigte und seinen Stand als Sünder anerkannte; Kain verwarf diese göttliche Offenbarung.

2. Abel erkannte die Notwendigkeit eines stellvertretenden Opfers

Er erkannte an, dass ein Leben hingegeben werden musste, bevor er sich Gott nähern konnte, dass er sich auf der Grundlage dessen, dass für ihn Leben hingegeben wurde, Gott freimütig nähern konnte. Das ist natürlich eine Vorausschau auf das Opfer unseres Herrn Jesus Christus am Kreuz, in dem alle Bilder und Sinnbilder alttestamentlicher Prophetie erfüllt wurden. Kain hingegen leugnete die Notwendigkeit eines stellvertretenden Opfers.

3. Abel leistete Sühne für den Fluch, der auf dem Erdboden lag

Kain hingegen brachte Gott die Erzeugnisse des Erdbodens dar, den Gott verflucht hatte. Wir sehen in 1. Mose 3,17, dass Gott als Folge von Adams Ungehorsam einen Fluch über dem Erdboden ausgesprochen hatte. 1. Mose 3,17:

> *„Und zu Adam sprach er* [Gott]*: Weil du auf die Stimme deiner Frau gehört und gegessen hast von dem Baum, von dem ich dir geboten habe: Du sollst davon nicht essen! - so sei der Erdboden verflucht um deinetwillen: mit Mühsal sollst du davon essen alle Tage deines Lebens...“*

Ab diesem Zeitpunkt lag ein Fluch auf der Erde, den der Ungehorsam des Menschen herbeigeführt hatte. Kain brachte Gott ein Opfer dar, das aus etwas heraus entstanden war, das unter dem Fluch Gottes steht. Mit anderen Worten: Sein Opfer war im Grunde eine Beleidigung für Gott. Auch damit verwarf er die göttliche Offenbarung und brachte Gott ein Produkt dessen dar, was dieser für verflucht erklärt hatte.

4. Abel bekam eine übernatürliche Bestätigung von Gott

Auch hier hilft uns ein Blick in 1. Mose und Hebräer. In 1. Mose 4,4 heißt es: „Und der Herr blickte auf Abel und auf seine Opfergabe...“ oder „...der Herr zeigte Respekt für Abel und sein Opfer...“ In Hebräer 11,4 wird dies für uns folgendermaßen interpretiert:

> *„Durch Glauben brachte Abel Gott ein besseres Opfer dar als Kain, durch welchen Glauben er das Zeugnis erhielt, daß er gerecht war, indem Gott Zeugnis gab zu seinen Gaben...“*

In irgendeiner Art und Weise bezeugte Gott übernatürlich, dass er Abels Opfer annahm. Viele Menschen glauben, ein übernatürliches Feuer hätte das Opfer auf dem Altar verzehrt. Davon lesen wir nichts. Diese Anschauung ist nicht unwahrscheinlich, da es später in der Geschichte Israels mehr als einmal geschah, dass ein übernatürliches Feuer ein Opfer auf dem Altar verzehrte, sofern es in exakter und vollständiger Übereinstimmung mit Gottes Anforderungen dargebracht worden war. Es ist also eine realistische Annahme, die man aber nicht notwendigerweise glauben muss. Was auch immer geschah - Gott bestätigte das von Abel dargebracht Opfer auf sichtbare und übernatürliche Weise.

Andererseits weigerte sich Gott, Kains Opfer zu bestätigen. Wir lesen in 1. Mose 4,5: „Aber für Kain und sein Opfer zeigte er keinen Respekt..." Kain war völlig klar, was dies bedeutete, denn als er sah, dass seinem Opfer die übernatürliche Bestätigung Gottes vorenthalten wurde, heißt es, er sei sehr zornig geworden und sein Gesicht hätte sich gesenkt.

Sowohl Abel als auch Kain wussten ganz genau, was sie taten. Keiner der beiden handelte aus Unkenntnis heraus. Sobald Abels Opfer auf übernatürliche Weise bestätigt wurde, Kains Opfer jedoch nicht, wusste Kain, dass Abels Opfer angenommen, sein Opfer jedoch abgelehnt worden war; aus diesem Grund wurde er sehr zornig auf seinen Bruder.

Das menschliche Wesen hat sich bis heute kein bisschen verändert. Dieses Schema findet sich nach wie vor in der Beziehung zwischen diesen beiden Arten von Religion: Wenn Sie oder ich, die wir an den Herrn Jesus Christus glauben, an die Taufe im Heiligen Geist und an die übernatürlichen Zeichen, die Jesus zufolge mit dem wahren Evangelium einhergehen, wenn wir jenen Zeugnis geben, die keine übernatürlichen Zeichen haben, werden diese sehr zornig. Es ist heute noch genauso wie damals. Das Wesen des Menschen hat sich in Tausenden von Jahren nicht verändert.

5. Abels Religion brachte einen Märtyrer hervor

Sie kostete ihn das Leben. Er wurde für seinen Glauben getötet. Kains Religion brachte das genaue Gegenteil hervor - einen Mörder. Er hatte keine Gnade in seinem Herzen, weil er die Offenbarung verwarf; er nahm sie nicht im Glauben an, und aus der natürlichen Bosheit des menschlichen Herzens heraus - die infolge der Ablehnung durch Gott noch mehr gereizt war - stürzte er sich, wahnsinnig vor Zorn, auf seinen Bruder und tötete ihn nur deshalb, weil Gott dessen Opfer angenommen, seines jedoch verworfen hatte. Auch das ist durch und durch charakteristisch. Jedes einzelne Detail stimmt.

Wissen Sie, wer der eigentliche Feind der wahren Religion ist? Nicht der Kommunismus, nicht der Atheismus, sondern die falsche Religion. Das war schon immer so und so wird es auch bis zum Ende der Zeit bleiben. Und am Ende der Zeit wird dies noch viel anschaulicher und deutlicher zutage treten als wir es bisher erlebt haben.

6. Abels Religion wird die Braut hervorbringen; Kains Religion wird die Hure hervorbringen

Was in 1. Mose 4 begann, wird in Offenbarung 17 und 19 beendet.

*****

Untersuchen wir nun das Bild von der Braut und der Hure etwas genauer und gehen wir der Frage nach, was die Braut von der Hure unterscheidet. Wenn man über diesen Punkt nachdenkt, ist alles eigentlich sehr klar und einfach; nichts daran ist hintergründig oder kompliziert.

Lesen wir, was Paulus in 2. Korinther 11,2 sagt. Er spricht zu wahren Gläubigen und warnt sie:

„Denn ich eifere um euch mit Gottes Eifer; denn ich habe euch einem Mann verlobt, um euch als eine keusche Jungfrau vor den Christus hinzustellen."

Verlobung ist im Neuen Testament nicht gleichbedeutend mit Ehe. Ein ähnliches Wort ist „angeloben". Wir sprechen heutzutage auch von „Verlobung", doch damals war eine Verlobung viel feierlicher und verbindlicher als eine Verlobung in unserer modernen westlichen Gesellschaft. Eine Frau, die ihrem Mann angelobt war, war vollständig für diesen Mann abgesondert. Sie hatte nicht mehr die Freiheit, irgendeine Beziehung mit irgendeinem anderen Mann einzugehen; sollte sie sich jedoch in der Zeit zwischen der Verlobung und der Hochzeit einem anderen Mann nähern, bezeichnete man dies als „Unzucht", und der Mann, mit dem sie verlobt war, hatte das Recht, sich von ihr scheiden zu lassen, so wie er sich von ihr hätte scheiden lassen, wenn die beiden schon verheiratet gewesen wären.

Dies verdeutlicht die Geschichte von Maria und Josef in Matth. 1: Aufgrund des übernatürlichen Eingreifens Gottes, um die Geburt Jesu Christi herbeizuführen, war Josef der Meinung, seine ihm angelobte, aber noch nicht mit ihm verheiratete Frau sei ihm untreu gewesen. Betrachten wir nur drei Verse aus diesem Kapitel, um den springenden Punkt herauszuarbeiten:

„Mit der Geburt Jesu Christi verhielt es sich aber so: Als nämlich Maria, seine Mutter, dem Joseph verlobt war, wurde sie, ehe sie zusammengekommen waren [beachten Sie, dass dies die Zeit nach der Verlobung, aber vor der eigentlichen Hochzeit war]*, schwanger erfunden von dem Heiligen Geist. Joseph aber, ihr Mann, der gerecht war und sie nicht öffentlich bloßstellen wollte, gedachte sie heimlich zu entlassen* [also sich von ihr scheiden zu lassen. Das war Josefs Barmherzigkeit. Er war ein gerechter Mann und wollte Gnade walten lassen, denn hätte er das in aller Öffentlichkeit getan, wäre Maria wie eine Ehebrecherin behandelt worden.] *Während er dies aber bei sich überlegte, siehe, da erschien ihm ein Engel des Herrn im Traum und sprach: Joseph, Sohn Davids, fürchte dich nicht, Maria, deine Frau, zu dir zu nehmen; denn das in ihr Gezeugte ist von dem Heiligen Geist."*

In Vers 24 lesen wir noch:

„Joseph aber, vom Schlaf erwacht, tat, wie ihm der Engel des Herrn befohlen hatte, und nahm seine Frau zu sich."

Das heißt, dass er sie heiratete.

Damit wird etwas sehr Wichtiges deutlich gemacht: Die Ehe in ihrer Gesamtheit besteht aus zwei aufeinanderfolgenden Phasen: der Angelobung oder Verlobung, die verbindlich und heilig ist und gegen die nicht verstoßen werden darf, die aber noch nicht die Ehe an sich ist; die Ehe wird jedoch erst mit der zweiten Phase, der eigentlichen Hochzeit, vollendet.

Paulus schreibt an die Christen in Korinth, und die Christen dort repräsentieren alle wahren Christen: „Ihr seid mit einem Mann, nämlich Jesus Christus, verlobt, und es ist mein Gebet und mein Ziel, dass ihr unbefleckt und treu bleibt und als keusche Jungfrau zu ihm geführt werdet." Diese Verlobung entspricht dem Moment, in dem wir zu Jesus Christus kommen, ihn als unseren Heiland und Herrn bekennen und Sündenvergebung erlangen. Das ist der erste Vertrag, die Verlobung, aber noch nicht die eigentliche Hochzeit. Und diese Zeit zwischen der Verlobung und der Hochzeit ist von entscheidender Bedeutung, denn unser jetziges und ewiges Schicksal als Christen wird davon abhängen, wie wir uns in dieser Phase zwischen Verlobung und Hochzeit verhalten.

Offenbarung 19,7-8 gibt einen Ausblick auf die eigentliche Hochzeit, nicht auf die Verlobung, sondern auf die Hochzeit am Ende der Verlobungszeit:

> *„Laßt uns fröhlich sein und frohlocken und ihm die Ehre geben; denn die Hochzeit des Lammes ist gekommen, und sein[e Ehefrau] hat sich bereitgemacht."*

Den nächsten Vers werden wir erst später lesen.

Die Hochzeit, die Ehe, liegt also noch in der Zukunft. Sie wird im Zusammenhang mit der Rückkehr des Herrn stattfinden. Ohne näher auf Details über den Zeitplan der Rückkehr des Herrn oder auf verschiedene Phasen einzugehen, können wir ganz allgemein sagen, dass die Hochzeit für den Zeitpunkt der Wiederkunft Christi reserviert ist. Wenn der Herr zu seiner Braut, der Gemeinde, kommt, wird Hochzeit gefeiert.

Jetzt, hier und heute sind wir immer noch verlobt, aber noch nicht verheiratet. Wir haben eine Art Probezeit, so wie die Verlobte in der Zeit bis zur Hochzeit eine Probezeit hatte. Diese Verlobung war ein sehr feierlicher, heiliger und bindender Vertrag. Und unsere Beziehung zu Jesus Christus ist sogar noch feierlicher, heiliger und bindender.

*****

Lesen wir nun, welche Gefahren den Gläubigen in der Zeit zwischen der Verlobung und der Hochzeit drohen. Zurück zu 2. Korinther 11,3-4:

> *„Ich fürchte aber, daß, wie die Schlange Eva durch ihre List verführte, so vielleicht euer Sinn von der Einfalt* [oder „Lauterkeit"] *Christus gegenüber abgewandt und verdorben wird."*

Paulus sieht die Gefahr, dass der Teufel in der Verlobungszeit Zugang zu diesen Gläubigen haben wird und mit ihren Gedanken spielen, ihre Lauterkeit und ihre Hingabe an Jesus Christus zunichte machen und sie zur Untreue gegenüber Christus verleiten wird, so wie er Eva zur Untreue gegenüber Adam verleitete. Das Bild ist sehr klar. Im Anschluss daran verdeutlicht er, wie dies geschehen könnte:

> *„Denn wenn der, welcher kommt, einen anderen Jesus predigt, den wir nicht gepredigt haben, oder ihr einen anderen Geist empfangt, den ihr nicht empfangen habt, oder ein anderes Evangelium, das ihr nicht angenommen habt, so ertragt ihr das recht gut."*

Hier werden die Mittel, die Satan einsetzt und einsetzen wird, um die Gläubigen zu unterminieren, mit drei Begriffen charakterisiert; jeder dieser drei Begriffe beginnt mit dem Wort „ein anderer" bzw. „ein anderes".

Zunächst: **„ein anderer Jesus"**, also ein Jesus, der nicht der Jesus der Heiligen Schrift ist. Und zweifellos finden wir genau das heute in vielen Sparten des Leibes Christi - die Präsentation eines Jesus, der menschlich und nicht göttlich ist, der nicht von einer Jungfrau geboren wurde, der auf einer Ebene steht mit Sokrates, Buddha, Plato und anderen Lehrern und über den oft sehr abschätzig geredet wird. Das ist „ein anderer Jesus"; das ist nicht der Jesus, den uns die Bibel zeigt.

Ich predigte einmal auf einem CFO-Zeltlager in Michigan in den USA; eines abends sprach ich über die Befreiung von bösen Geistern; es war eine sehr ernste Botschaft, und die Reaktionen der Anwesenden waren gemischt. Ja, sie schlug heftige Wellen, aber ich wusste, dass Gott mir diese Botschaft gegeben hatte. Ich wusste, dass sie wahr war, und viele, viele Menschen wurden befreit. Ich wich von meiner Botschaft auch nicht ab.

Gegen Ende des Zeltlagers kam eine Frau auf mich zu und sagte: „Ich möchte Ihnen danken. Sie haben etwas für mich getan.“ Sie fuhr fort: „Sie haben mir ein völlig neues Bild von Jesus Christus gegeben. Ich hatte ein sentimentales, menschliches und einseitiges Bild von Jesus gehabt; Sie haben mir ein völlig anderes Bild von Jesus gezeigt, das biblische Bild.“ Diese Frau lief Gefahr, „einen anderen Jesus“ zu akzeptieren - nur Liebe und kein Gericht, nur Himmel und keine Hölle. Das ist ein falsches Bild von Jesus Christus.

Der nächste Begriff in 2. Korinther 11 ist **„ein anderer Geist“**. Der Geist, der mit Jesus kommt, ist der Heilige Geist, aber es ist noch ein anderer Geist am Werk, den wir im weiteren Verlauf dieses Buches näher unter die Lupe nehmen werden.

Der dritte Begriff ist **„ein anderes Evangelium“**. Paulus sagt in Galater 1,8: *„Wenn aber auch wir oder ein Engel aus dem Himmel euch etwas als Evangelium entgegen dem verkündigten, was wir euch als Evangelium verkündigt haben: er sei verflucht!“* - eine sehr, sehr ernste Aussage.

Und ohne jeden Zweifel wird heutzutage unter den bekennenden Christen „ein anderes Evangelium“ gepredigt, nämlich ein sogenanntes „soziales Evangelium“. Das ist die Religion Kains - Werke ohne Gnade. Es leugnet die Tatsache, dass der Mensch von seinem Wesen und Handeln her ein Sünder ist. Es leugnet die Notwendigkeit eines stellvertretenden Opfers. Es lehnt Blutvergießen ab und bietet Gott etwas an, das von etwas herstammt, auf dem bereits ein göttlicher Fluch liegt. Es ist eine Beleidigung für Gott, denn die Schrift sagt, der alte Mensch sei verdorben und zum Guten nicht fähig. Er ist ein fauler Baum, der nichts anderes als faule Frucht hervorbringen kann. Und jede Frucht, die vom Baum des alten, nicht erlösten, fleischlichen Wesens stammt, ist eine faule Frucht und vor Gott unannehmbar. Dieses Bild ist überaus zutreffend.

Etwas später, in 2. Korinther 11, spricht Paulus erneut darüber, wie diese voranschreitende Entfremdung von Christus vonstatten gehen wird. In 2. Korinther 11,13-15 schreibt er über die Leute, die einen anderen Jesus und ein anderes Evangelium präsentieren und einen anderen Geist bringen:

„Denn solche sind falsche Apostel, betrügerische Arbeiter, die die Gestalt von Aposteln Christi annehmen. Und kein Wunder, denn der Satan selbst nimmt die Gestalt eines Engels des Lichts an; es ist daher nichts Großes, wenn auch seine Diener die Gestalt von Dienern der Gerechtigkeit annehmen; und ihr Ende wird ihren Werken entsprechen."

Sie sehen, dass die Leute, die dieses andere Evangelium predigen und diesen anderen Jesus präsentieren und diesen anderen Geist bringen, von sich behaupten, sie seien Diener Christi. Es ist nicht so, dass sie sich nicht zum Christentum bekennen würden; sie lehren keine andere Religion; sie geben vor, das Christentum zu lehren und Diener der Gerechtigkeit zu sein, doch in Wirklichkeit sind sie Diener Satans. Sie lehren Lügen. Sie leugnen die großen, grundlegenden Wahrheiten des Wortes Gottes.

Das ist keine graue Theorie, sondern eine einfache Beobachtung. Genau dies spielt sich derzeit überall in den USA und auf der ganzen Welt ab. Das ist wieder einmal ein Beweis für die absolute Genauigkeit der Bibel.

Auch in 1. Timotheus 4 beschreibt der Apostel Paulus, wie Satan und seine Handlanger diesen Prozess der Entfremdung von Christus vorantreiben werden. Wir brauchen nur den ersten Vers zu lesen:

„Der Geist [der Heilige Geist] *aber sagt ausdrücklich* [sagt in Worten], *daß in späteren Zeiten manche vom Glauben abfallen werden, indem sie auf betrügerische Geister und Lehren von Dämonen achten..."*

Der Heilige Geist sagt somit ausdrücklich, dass in der Endzeit, am Ende dieses Zeitalters, einige vom Glauben abfallen werden. Der Glaube ist zweifellos das Christentum. Diese Leute fallen vom Christentum ab. Man kann nur von etwas abfallen, an dem man früher teilgenommen hat. Diese Leute standen also im christlichen Glauben, werden jedoch von ihm abgebracht und von ihm entfremdet. Wie? Durch betrügerische Geister und Lehren von Dämonen. Mit anderen Worten: Diese Geister bringen durch menschliche Handlanger, die sich als Diener Christi ausgeben, Lehren, die jedoch im Grunde ein Produkt von Dämonen sind. Und ich weiß, dass dies stimmt.

Meine Frau und ich hatten einmal mit einer jungen Frau zu tun; sie erlebte eine überaus bemerkenswerte Befreiung von bösen Geistern, wie sie uns nur selten untergekommen ist. Sie dauerte mehr als fünf Stunden. Diese junge Frau war bekennende Christin, Mitglied in einer Gemeinde des vollen Evangeliums und war früher einmal im Heiligen Geist getauft worden, aber dann auf Abwege geraten.

Ganz unvermittelt waren wir plötzlich dabei, die bösen Geister aus ihr auszutreiben; das dauerte, wie gesagt, fünf Stunden. Eine Frau, die auch mit dabei war, führte Buch und zählte 72 verschiedene Geister, die sich zu erkennen gaben und aus dieser Frau ausfuhren. All das geschah in der Gegenwart von Zeugen. Es geschah nicht irgendwo in einer dunklen Ecke. Jeder dieser Geister sprach mit mir. Ich habe sie nicht dazu aufgefordert; sie fingen einfach damit an. Das war wirklich ein dramatisches Erlebnis.

Lassen Sie mich kurz veranschaulichen, wie real das ganze war. Nicht jeder der Geister nannte seinen Namen; sie sagten vielmehr, was sie taten. Und einer dieser Geister sagte zu mir: „Wir beten Gott in Steinen und Bäumen an." Ich fragte: „Wo noch?" Ich weiß nicht, warum ich das sagte, aber ich sagte es eben. Er erwiderte: „In Federn, in Vogelfedern." Ich sagte: „Was für ein Geist bis du?" Er sagte: „Fetische." Ich fragte nach: „Woher kommst du?", denn sie kamen aus der ganzen Welt und sagten auch, wo sie herkamen. Er sagte: „Aus Afrika." Ich fragte nach: „Aus welchem Teil Afrikas?" Er sagte: „Ostafrika." Nun, ich war fünf Jahre lang Missionar in Ostafrika gewesen. Ich sagte: „Kennst du mich?" Er sagte: „Ja, ich kenne dich." Ich fragte: „Wo hast du mich gesehen?" Er sagte: „Ich bin überallhin mitgegangen, wo du hingingst."

Ich dachte mir: „Ich werde mich von ihm nicht zum Narren halten lassen. Ich werde ihn auf die Probe stellen." Ich will nicht auf Einzelheiten eingehen, aber ich stellte ihm ungefähr zehn ganz konkrete und detaillierte Fragen über Ostafrika, die niemand beantworten kann, ohne Ostafrika und die Sprache Suaheli sehr gut zu kennen. Er beantwortete jede dieser Fragen sofort und korrekt; später fand ich heraus, dass dieses Mädchen aus England stammte; sie war in ihrem ganzen Leben nie in Ostafrika gewesen und konnte von ihrem natürlichen Wissen her keine einzige dieser Fragen korrekt beantworten. Ich weiß also, dass das, wovon Paulus hier spricht, sehr real ist. Ich lese es noch einmal:

„Der Heilige Geist aber sagt ausdrücklich, daß in späteren Zeiten manche vom Glauben abfallen werden, indem sie auf betrügerische Geister und Lehren von Dämonen achten..."

Ich möchte noch dazusagen, dass hinter allen anderen Dingen Sünden standen, durch die sich dieses Mädchen diesen Geistern geöffnet hatte; und sie war Christin.

Sehen wir uns noch an, was Jesus in Matthäus 24,11-13 sagt. Jesus zeichnet dieses Bild in seiner letzten, großen prophetischen Abhandlung über die wichtigsten Trends und Ereignisse, die das Ende der Zeit kennzeichnen werden. Unter anderem sagt er:

„...und viele falsche Propheten werden aufstehen und werden viele verführen; und weil die Gesetzlosigkeit überhand nimmt, wird die Liebe der meisten erkalten..."

Im Griechischen heißt es „die Liebe der Mehrheit". Im griechischen Text wird an dieser Stelle für „Liebe" das Wort *agape* gebraucht, das ausschließlich für die Liebe der Christen untereinander verwendet wird. Es ist nicht die Liebe der Welt; es ist auch nicht sexuelle Liebe gemeint. Das griechische Wort *agape* bezeichnet ausschließlich die Liebe Gottes oder die Liebe der Christen, also...

„...wird die Liebe [der Mehrheit] der Christen erkalten; wer aber ausharrt bis ans Ende, der wird errettet werden."

In der Zeit zwischen der Verlobung und der Hochzeit ist Beharrlichkeit vonnöten; die wahren Gläubigen werden an ihrer Treue zu Christus und zur Bibel festhalten.

*****

Betrachten wir nun den Gegensatz zwischen den wahren Gläubigen, worauf sie warten und welcher Geist in ihnen wirksam ist und jenen, die verführt werden. Denn in dieser Probe- und Prüfungszeit zwischen Verlobung und Hochzeit werden diejenigen, die Jesus treu bleiben, zur Braut, und diejenigen, die verführt werden – beachten Sie, wie gut das Wort „verführt" mit seiner sexuellen Konnotation hier passt -, werden zur Hure. Das ist absolut klar. Es gibt keinen Grund, auch nur im geringsten daran zu zweifeln. Nähere Einzelheiten liegen vielleicht noch im Dunkeln, doch die Grundzüge der weiteren Entwicklung sind so klar wie sie nur sein können.

Die alles entscheidende Frage ist die Frage nach unserer persönlichen Beziehung zu Jesus Christus. Bleiben wir ihm und der Bibel treu, hingegeben und loyal oder wenden wir uns unter dem Einfluss falscher, verführerischer, dämonischer Kräfte von ihm ab?

Werfen wir zunächst einen Blick auf die wahren Gläubigen und ihre Herzenshaltung. In Johannes 14,3 sagt Jesus:

> *„Und wenn ich hingehe und euch eine Stätte bereite, so komme ich wieder und werde euch zu mir nehmen, damit auch ihr seid, wo ich bin."*

Das ist die klare Verheißung Jesu, dass er zu den wahren Gläubigen zurückkommen wird, um sie zu sich zu nehmen.

In 1. Thessalonicher 4,16-17 finden wir klare Lehraussagen über die Zeit, wenn der Herr wiederkommt, um die Gläubigen zu sich zu holen:

> *Denn der Herr selbst wird beim Befehlsruf, bei der Stimme eines Erzengels und bei dem Schall der Posaune Gottes herabkommen vom Himmel, und die Toten in Christus werden zuerst auferstehen; danach werden wir, die Lebenden, die üb-*

rigbleiben, zugleich mit ihnen entrückt werden in Wolken dem Herrn entgegen in die Luft; und so werden wir allezeit beim Herrn sein.“

Hier sehen wir, worauf die wahren Gläubigen warten. Sie warten auf den Bräutigam - und zwar so erwartungsvoll und sehnsüchtig wie eine Braut warten sollte. Der Geist, der sie vorbereitet, wird in Offenbarung 22,17 beschrieben, wo es heißt: *„Und der Geist und die Braut sagen: Komm!“* Beachten Sie, wer der Braut beibringt, „Komm“ zu sagen. Es ist der Heilige Geist. Und nur diejenigen, die vom Heiligen Geist gelehrt werden, können diese Worte ehrlichen Herzens sagen: „Komm bald, Herr Jesus.“ Der Heilige Geist bereitet die Braut darauf vor, ihrem Bräutigam zu begegnen, auf den sie voller Sehnsucht und Erwartung wartet.

In der anderen Gruppe ist ein anderer Geist am Werk - der Geist des Antichrists, der die falschen, treulosen Gläubigen vorbereitet, aber nicht auf den wahren Christus, sondern auf den falschen Christus. Ich werde im nächsten Kapitel näher darauf eingehen; lesen wir nur kurz, was in 1. Johannes 2 und 4 steht. Auch diese Worte beziehen sich ausdrücklich auf die Endzeit. Lesen wir zunächst 1. Johannes 2,18-22:

„Kinder, es ist die letzte Stunde, und wie ihr gehört habt, daß der Antichrist kommt, so sind auch jetzt viele Antichristen aufgetreten; daher wissen wir, daß es die letzte Stunde ist. Sie sind von uns ausgegangen, aber sie waren nicht von uns; denn wenn sie von uns gewesen wären, würden sie wohl bei uns geblieben sein; aber sie blieben nicht, damit sie offenbar würden, daß sie alle nicht von uns sind. Und ihr habt die Salbung von dem Heiligen und wißt alles. Ich habe euch nicht geschrieben, weil ihr die Wahrheit nicht kennt, sondern weil ihr sie kennt und wißt, daß keine Lüge aus der Wahrheit ist. Wer ist der Lügner, wenn nicht der, der leugnet, daß Jesus der Christus ist? Der ist der Antichrist, der den Vater und den Sohn leugnet.“

Vergessen Sie nicht, dass das Wort „Christus“ gleichbedeutend mit dem hebräischen Wort „Messias“ ist; die ganze Bedeutung der Worte erschließt sich erst dann, wenn wir sie so lesen.

Lesen wir nun noch 1. Johannes 4,1-6:

> *„Geliebte, glaubt nicht jedem Geist, sondern prüft die Geister, ob sie aus Gott sind; denn viele falsche Propheten sind in die Welt ausgegangen.“*

Jesus sagte, dies werde in der Endzeit geschehen. Es werden viele falsche Propheten auftreten. Ein falscher Prophet ist jemand, der von einem falschen Geist motiviert, getrieben und kontrolliert wird.

> *„Hieran erkennt ihr den Geist Gottes: Jeder Geist, der Jesus Christus* [den Messias], *im Fleisch gekommen, bekennt, ist aus Gott...“*

Man sollte es folgendermaßen lesen: „„...der bekennt, dass Jesus, der Messias, im Fleisch gekommen ist, ist aus Gott...“

> *„...und jeder Geist, der nicht Jesus bekennt, ist nicht aus Gott; und dies ist der Geist des Antichrists, von dem ihr gehört habt, daß er komme, und jetzt ist er schon in der Welt. Ihr seid aus Gott, Kinder, und habt sie überwunden, weil der, welcher in euch ist* [das ist der Heilige Geist], *größer ist als der, welcher in der Welt ist* [das ist der Geist des Antichrists]. *Sie sind aus der Welt, deswegen reden sie aus dem Geist der Welt, und die Welt hört sie...“*

Die unbekehrte, fleischliche Welt wird den Antichrist willkommen heißen, lehnt jedoch den wahren Christus ab.

> *„Wir sind aus Gott; wer Gott erkennt, hört uns; wer nicht aus Gott ist, hört uns nicht. Hieraus erkennen wir den Geist der Wahrheit und den Geist des Irrtums.“*

Beachten Sie auch hier die Antithese zwischen dem Geist der Wahrheit (dem Heiligen Geist) und dem Geist des Irrtums; und der Höhepunkt, der Inbegriff des Irrtums am Ende der Zeit, ist der Geist des Antichrists.

Wir müssen bei diesem Thema drei Dinge voneinander unterscheiden:

Zunächst einmal wäre da der **Geist des Antichrists**; dieser Geist motiviert und kontrolliert jeden Antichrist; dann ist von **vielen Antichristen** die Rede: Im Lauf der Geschichte waren schon viele Menschen vom Geist des Antichrists motiviert. Eins der klarsten und offensichtlichsten Beispiele hierfür war Mohammed; er war auch ein Antichrist. Er leugnete, dass Jesus der Sohn Gottes ist; er erkannte Jesus als Propheten an und behauptete, er selbst sei der Tröster, den Jesus verheißen hatte.

Der Antichrist löst sich nie ganz von der Bibel; das ist etwas ganz anderes als Heidentum. Es ist etwas, das vor dem Hintergrund dessen entsteht, dass Jesus in die Welt gekommen ist. Es ist immer durch Leugnung an den wahren Christus gekoppelt. In Gegenden der Welt, wo noch nie das Evangelium gepredigt wurde, kann der Geist des Antichrists nicht wirken. Der Geist des Antichrists kann nur dort wirken, wo schon einmal der wahre Christus präsentiert und verkündigt wurde.

Als Satan mit Jesus über die Königreiche der Welt verhandelte, sagte Jesus zu Satan: „Geh hinweg, Satan" oder „Geh hinter mich, Satan". Das ist nicht ganz richtig übersetzt. Eigentlich sagte Jesus: „Folge hinter mir nach. Ich gehe als erster und dann kannst du mir folgen." Überall, wo der wahre Christus gepredigt wurde, wird sich im Lauf der Zeit auch der Geist des Antichrists manifestieren. Er kann sich nicht manifestieren und ist ohne Bedeutung, wo der wahre Christus noch nicht gepredigt wurde, denn er ist im Kern die Leugnung dessen, dass Jesus der Christus ist. Wenn niemand Jesus gepredigt hat, wenn niemand den Christus gepredigt hat und niemand daran geglaubt hat, hat der Geist des Antichrists keine Arbeitsgrundlage. Er ist Satans Vergeltungsschlag, sein Gegenangriff gegen das Evangelium und Jesus Christus.

Als Drittes kommt dann noch ***der* Antichrist** in der Einzahl – eine Person, die in der Menschheitsgeschichte erst noch in Erscheinung treten muss, die der Inbegriff aller bösen und falschen Religion sein wird. Ich glaube nicht, dass er noch lange auf sich warten lässt. Ich denke, man kann sagen, sein Schatten ist bereits auf die Bühne des Weltgeschehens gefallen; es bleibt nur noch abzuwarten, wann die Person kommt, deren Schatten wir bereits heute sehen.

*****

Halten wir nun bestimmte Merkmale **des Geists des Antichrists** fest. Sie sind außerordentlich wichtig und sehr aufschlußreich.

Erstens: Die Antichristen treten im Umfeld der wahren Gläubigen auf. Sie werden mit der Gemeinde assoziiert. Das lesen wir in 1. Johannes 2,19:

„Sie sind von uns ausgegangen, aber sie waren nicht von uns; denn wenn sie von uns gewesen wären, würden sie wohl bei uns geblieben sein; aber sie blieben nicht, damit sie offenbar würden, daß sie alle nicht von uns sind."

Es besteht überhaupt kein Zweifel darüber, dass der Antichrist selbst anfangs irgendwie im Zusammenhang mit der Gemeinde auftreten wird.

Zweitens: Der Antichrist leugnet, dass Jesus der Messias ist. Vers 22:

„Wer ist der Lügner, wenn nicht der, der leugnet, daß Jesus der Christus [der Messias] *ist? Der ist der Antichrist, der den Vater und den Sohn leugnet."*

Das ist **der dritte Punkt**: Er leugnet den Vater und den Sohn. Er leugnet die beiden Personen der Dreieinigkeit, den Vater und den Sohn. Gott leugnet er nicht. Ja, er gibt vor, Gott zu sein, aber er leugnet die Vater-Sohn-Beziehung innerhalb der Dreieinigkeit.

Viertens: Wie bereits erwähnt, heißt es in 1. Johannes 4, er leugnet, dass Jesus, der Messias, im Fleisch gekommen ist. Er kann durchaus davon reden, dass ein Messias kommt und behaupten, er sei es, aber er leugnet, dass der Messias im Fleisch gekommen ist.

Hierzu eine Nachbemerkung: Wer die jungfräuliche Geburt leugnet, leugnet damit, dass Jesus der Messias ist. Das ist der Geist des

Antichrists, denn sowohl das Alte als auch das Neue Testament bestätigen die Tatsache, dass der Messias von einer Jungfrau geboren wird. Wenn Jesus nicht von einer Jungfrau geboren wird, ist er auch nicht der Messias; und der Geist, der die jungfräuliche Geburt leugnet, leugnet, dass Jesus der Messias ist, und ist der Geist des Antichrists.

Ich bekam einmal eine recht ungewöhnliche Einladung: Ich sollte in der Erwachsenen-Sonntagsschule einer Methodistengemeinde lehren; ich hielt es für angebracht, über nichts Ketzerisches wie Zungenreden oder dergleichen zu lehren. Deshalb sprach ich, so gut ich nur konnte, ganz einfach und schlicht darüber, wer Jesus Christus ist.

Einen Monat später kam ich wieder in diese Stadt; eine Frau, die damals auf der Sonntagsschule gewesen war und der Gemeinde nahe stand, sagte zu mir: „Sie haben die Teilnehmer der Sonntagsschule damals richtig verärgert.“ Ich erwiderte: „Das kann ich mir gar nicht vorstellen. Ich dachte, meine Lehre sei so orthodox wie nur irgend möglich gewesen.“ Sie sagte: „Aber Sie haben den Leuten gesagt, wenn Jesus nicht von einer Jungfrau geboren wurde, war er ein Bastard, ein uneheliches Kind!“

Ich sagte: „Ja, das liegt doch auf der Hand, oder? Darüber sollte man nicht schockiert sein. Aber“, fuhr ich fort, „sehen wir den Tatsachen doch ins Auge. Wir müssen uns entscheiden, wer er war. Entweder wurde er von einer Jungfrau geboren oder er war ein uneheliches Kind. Eins von beiden war er. Entscheiden Sie sich. Nennen Sie ihn beim richtigen Namen. Spielen Sie nicht mit den Namen herum. Ich bitte Sie darum im Namen der intellektuellen Aufrichtigkeit. Wenn wir vom intellektuellen Standpunkt in dieser Sache aufrichtig sein wollen, dann müssen wir durchwegs aufrichtig sein. Wenn wir nicht an die jungfräuliche Geburt glauben, müssen wir ganz ehrlich sagen, was Jesus dann war. Dann war Jesus ein uneheliches Kind. Verstehen Sie? Wenn Sie das sagen, dann müssen Sie es auch glauben! Sie können sagen, was Sie glauben. Aber machen Sie dabei keine halben Sachen. Sie können nicht die Wahrheit leugnen, ohne sich den Konsequenzen zu stellen, die aus Ihrer Leugnung resultieren.“

Und wie ich schon sagte, ist es sehr, sehr offensichtlich, dass dieser Geist heutzutage praktisch überall unter den Christen am Werk ist. Und sein Wirken stellt sich genau so dar, wie es vorhergesagt wurde. Er tritt im Rahmen des Leibs Christi auf. Er wird von Menschen propagiert, die geistliche Leiter zu sein scheinen. Man findet jedes in der Bibel beschriebene Kennzeichen.

Ich habe Freunde in einer anderen Methodistengemeinde – und ich habe überhaupt nichts gegen Methodisten -, die einmal zu mir sagten: „Weißt du, Jesus ist in unserer Gemeinde ein Schimpfwort. Man kann über Buddha reden, man kann über Sokrates reden, man kann über Martin Luther King reden – kein Problem. Doch sobald man über Jesus redet, wird es komisch und merkwürdig." Das ist der Geist des Antichrists. Der Geist des Antichrists ist gegen eine Person gerichtet und zwar gegen den Herrn Jesus Christus.

*****

Erstellen wir nun abschließend ein kurzes Porträt der wahren Gemeinde; im nächsten Kapitel werde ich über die falsche Gemeinde und den falschen Christus sprechen; dieses Kapitel möchte ich mit dem biblischen Bild der wahren Gemeinde abschließen. Paulus sagt in Epheser 5,23-24:

> *„Denn der Mann ist das Haupt der Frau, wie auch der Christus das Haupt der Gemeinde ist, er als des Leibes Heiland. Wie nun die Gemeinde sich dem Christus unterordnet, so auch die Frauen den Männern in allem."*

Hier wird sehr deutlich, dass die Gemeinde, die wahre Gemeinde, die Braut, sich Christus in allen Dingen unterordnet. Sie ordnet sich ihm als Haupt vollständig unter. Das ist die entscheidende Frage für die Christenheit: Wer ist das Haupt der Gemeinde? Das ist der springende Punkt. Ausschlaggebend ist nicht, ob wir in Zungen reden oder nicht. Glauben Sie mir, am Ende werden viele Menschen, die in Zungen reden, auf der falschen Seite stehen. Das Zungenreden garantiert Ihnen nicht, Teil der Braut zu sein. Die entscheidende Frage lautet: Wer ist Jesus Christus? Ist er der Herr? Ist er das Haupt über allem der Gemeinde? Bin ich bereit, mich ihm völlig unterzuordnen? Das wird von der Braut verlangt.

Lesen wir noch etwas weiter: Epheser 5,25-27:

„Ihr Männer, liebt eure Frauen, wie auch der Christus die Gemeinde geliebt und sich selbst für sie hingegeben hat, um sie zu heiligen, sie reinigend durch das Wasserbad im Wort, damit er die Gemeinde sich selbst verherrlicht darstellte, die nicht Flecken oder Runzel oder etwas dergleichen habe, sondern daß sie heilig und tadellos sei."

Die Gemeinde durchläuft als Braut des Bräutigams eine Vorbereitungsphase; sie wird hier als „Heiligung" und „Reinigung", als das „Wasserbad im Wort" bezeichnet.

In der Zeit zwischen der Bekehrung und unserer Präsentation als Braut vor Jesus muss dieser Prozess der Heilung und Reinigung ablaufen, der sich allein durch das Wort Gottes vollzieht. Meine eigene Erfahrung bestätigt dies. Ich habe schon an vielen Orten der Welt vor den unterschiedlichsten Gemeinden gepredigt. Ich habe Gemeinden kennen gelernt mit viel Segen, wo der Heilige Geist wirkte und wunderbare Gaben praktiziert wurden; dennoch konnte man die allgemeine Atmosphäre dort nicht als rein bezeichnen. Ja, manchmal traten sogar Manifestationen des Heiligen Geistes gleich neben dämonischen Manifestationen auf, und einige Leute konnten die beiden nicht voneinander unterscheiden.

Wenn ich so zurückblicke, würde ich sagen, dass eine Gemeinde oder Gruppierung nur dann rein im Geist und rein in der Anbetung ist, wenn sie durch das regelmäßige Wasserbad im Wort Gottes gereinigt und geheiligt wird. Nur das kann uns rein machen. Das Blut Jesu erlöst uns von der Sünde, doch um anschließend ihm als Braut präsentiert werden zu können, müssen wir durch das Wasserbad im Wort geheiligt werden.

Gehen wir noch einmal kurz zum 1. Johannesbrief, diesmal zu 1. Johannes 5,6. Dort heißt es über Jesus, den Sohn Gottes:

„Dieser ist es, der gekommen ist durch Wasser und Blut, Jesus Christus; nicht im Wasser allein, sondern im Wasser und im Blut. Und der Geist ist es, der dies bezeugt, denn der Geist ist die Wahrheit."

Hier sehen wir den zweifachen Dienst Jesu: Er kam durch Wasser als der große Prediger des Wortes und durch Blut als der erlösende Heiland, der sein Blut vergoss, um die Gemeinde zu erlösen. Wir können nicht einerseits das Wasser des Wortes weglassen und andererseits eine Gemeinde haben wollen, die ihrem Bräutigam gegenübertreten kann. Zunächst erlöste er sie durch sein Blut, damit er sie anschließend durch das Wasserbad im Wort heilige und reinige; so viele Christen, die behaupten, durch das Blut erlöst und im Heiligen Geist getauft zu sein, unterziehen sich nicht regelmäßig der Reinigung und Waschung im Wort. Wie ich es verstehe, können sie deshalb wohl auch nicht davon ausgehen, auf das Kommen des Bräutigams vorbereitet zu sein.

Offenbarung 19,8 ergänzt unser Bild von der wahren Gemeinde. In Vers 7 heißt es:

„Laßt uns fröhlich sein und frohlocken und ihm die Ehre geben; denn die Hochzeit des Lammes ist gekommen, und sein Weib [seine Ehefrau] *hat sich bereitgemacht."*

In unserer Gemeinde in London hatten wir eine Farbige aus Jamaika, die beim Beten immer sagte: „Hilf uns, nie zu vergessen, dass es zu spät sein wird, um sich vorzubereiten, wenn du kommst." Und ich sagte immer darauf: „Amen"!

Erinnern Sie sich an die törichten Jungfrauen? Sie bereiteten sich vor, als der Herr schon kam und wurden dann ausgesperrt. Sie waren zu spät dran. Hier heißt es: *„Seine Ehefrau* ***hat sich bereitgemacht****."*

Ich habe in vielen Teilen der Welt Hochzeiten erlebt. Aber ich habe keine einzige Hochzeit erlebt, in der es nicht die Verantwortung der Frau gewesen wäre, sich vorzubereiten. Genauso ist es die Verantwortung der Gemeinde, sich vorzubereiten. Jesus wird reinigen und heiligen, doch die letzten Vorbereitungen werden stets von der Braut getroffen. Je näher die Hochzeit rückt, desto intensiver werden die Vorbereitungen, desto mehr konzentriert sich die Braut auf das, was vor ihr liegt, nämlich für die Hochzeitsfeier bereit zu sein. Das gilt auch für die wahre Gemeinde. Vers 8:

„Und ihr wurde gegeben, daß sie sich kleide in feine Leinwand, glänzend, rein; denn die feine Leinwand sind die gerechten Taten der Heiligen."

Im Griechischen heißt es: „...denn die feine Leinwand sind die Gerechtigkeiten der Heiligen", also die gerechten Taten der Heiligen. Es ist nicht nur die allgemeine Gerechtigkeit Christi, die wir durch Glauben erlangen; es ist die Gerechtigkeit Christi, die wir durch Glauben erlangen und in die Tat umsetzen.

Vor Jahren hatte Schwester Pearl Benjamin, eine Freundin von uns, einmal einen Traum, der dies wunderbar veranschaulichte. Sie diente als Missionarin in Jerusalem und war sehr krank; sie dachte, dass sie vielleicht sterben müsste. Sie war aufs Sterben vorbereitet. Doch eines nachts gab ihr der Herr einen sehr lebhaften Traum. In diesem Traum arbeitete sie an einem wunderbaren Hochzeitskleid; als sie es sich näher ansah, erkannte sie, dass noch viel zu tun war, bis das Kleid letztendlich fertig sein würde. Sie verstand den Traum so, dass Gott ihr zeigte, ihre Arbeit sei noch nicht zu Ende. Jeder Nadelstich und jeder Faden trug zur Vollendung des Hochzeitskleids bei; genauso trägt jede gerechte Tat zur Vollendung des Hochzeitskleids der Braut Christi bei. Die kleinen Dinge sind genauso wichtig wie die großen - kleine Dinge wie Briefe beantworten und Treue in kleinen Details. All diese kleinen Dinge zusammengenommen machen diese umfassende Gerechtigkeit aus, in die die Braut gekleidet sein wird.

Dann noch 1. Korinther 1,7. Hier sagt Paulus über die Gemeinde in Korinth:

„Daher habt ihr an keiner Gnadengabe Mangel, während ihr das Offenbarwerden unseres Herrn Jesus Christus erwartet..."

Das ist praktisch der Beweis dafür, dass die Gaben in der wahren Gemeinde ausgeübt werden sollen bis der Herr kommt und dass die wahre Gemeinde mit den übernatürlichen Gnadengaben geschmückt sein wird, wie die Braut mit den Geschenken geschmückt sein wird, die ihr ihr Mann schicken lässt.

Bemerkenswert ist auch Jesaja 61,10, ein sehr schöner Vers, der das Bild noch weiter vervollständigt:

> *„Freuen, ja freuen will ich mich in dem Herrn! Jubeln soll meine Seele in meinem Gott! Denn er hat mich bekleidet mit Kleidern des Heils, den Mantel der Gerechtigkeit mir umgetan, wie der Bräutigam sich nach Priesterart mit dem Kopfschmuck und wie die Braut sich mit ihrem Geschmeide schmückt.“*

Beachten Sie die Kennzeichen der Braut: die Kleider des Heils und der Mantel der Gerechtigkeit. Es reicht nicht aus, sich zum Heil in Jesus zu bekennen, wenn man nicht auch den Mantel der Gerechtigkeit trägt; auf dem Haupt trägt die Braut ihr Geschmeide, die Gnadengaben, die zeigen, dass sie nun bereit ist, vor ihren Bräutigam zu treten.

In 1. Mose 24 finden wir ein wunderbares Bild oder Sinnbild für diese Vorbereitung. Dieses Kapitel hat vier Hauptfiguren: Abraham, den Vater; den Verwalter; Isaak, den Sohn und Rebekka, die Braut, die für den Sohn auserwählt worden war.

Abraham hatte seinen Verwalter nach Padan Aram in Mesopotamien gesandt, um für seinen Sohn Isaak eine geeignete Braut zu finden. Abraham repräsentiert hier natürlich Gott Vater; Isaak repräsentiert Jesus Christus, den Sohn; der Verwalter repräsentiert den Heiligen Geist und Rebekka repräsentiert die Braut, die Gemeinde.

Aus dieser ganzen Geschichte lässt sich eine wunderbare Tatsache herausarbeiten: Als der Verwalter - der Heilige Geist - sich auf die Reise machte, nahm er zehn mit Geschenken beladene Kamele mit. Als er die junge Frau fand, die eine geeignete Braut zu sein schien, überreichte er ihr als erstes ein sehr auffälliges Geschenk, das jedermann sehen konnte. Später öffnete er die Schatzkisten und überschüttete Rebekka mit Geschenken; Rebekka trat anschließend vor ihren zukünftigen Mann, geschmückt mit den Geschenken, die er ihr durch den Verwalter hatte überbringen lassen.

Ich sage Ihnen eins: Eine Gemeinde, die nicht mit den Gnadengaben des Heiligen Geistes geschmückt ist, wird nicht vor Jesus Christus treten können. Manche Leute sagen, sie lieben den Herrn, aber sie wollen seine Gaben nicht; für mich ist das schlichtweg unglaublich. Ich kann mir keine junge Frau vorstellen, die sagen würde: „Ich liebe dich, mein Verlobter, aber diesen herrlichen Brillantring, den du mir da gekauft hast, den will ich nicht." Ich glaube nicht, dass diese beiden je heiraten würden. Und auch die Gemeinde, die die vom Bräutigam übersandten Gnadengaben ablehnt, wird nicht bereit sein, ihm gegenüberzutreten. Die Bibel sagt, wir sollen an keiner Gnadengabe Mangel haben, während wir das Offenbarwerden unseres Herrn Jesus Christus erwarten.

Abschließend noch ein Bild aus Hebräer 9,28, das unsere Erwartungshaltung ausdrückt:

> *„...so wird auch der Christus, nachdem er einmal geopfert worden ist, um vieler Sünden zu tragen, zum zweiten Male ohne Beziehung zur Sünde denen zum Heil erscheinen, die ihn erwarten."*

Nur denen, die ihn erwarten, wird er zum zweiten Mal erscheinen.

Das lesen wir auch in Titus 2,11-13, der letzten Bibelstelle dieses Kapitels, die so schön ist, dass ich sie nicht weglassen will. Es heißt hier:

> *„Denn die Gnade Gottes ist erschienen, heilbringend allen Menschen, und unterweist uns, damit wir die Gottlosigkeit und die weltlichen Lüste verleugnen und besonnen und gerecht und gottesfürchtig leben in dem jetzigen Zeitlauf, indem wir die glückselige Hoffnung und Erscheinung der Herrlichkeit unseres großen Gottes und Heilandes Jesus Christus erwarten."*

Ich glaube, es gibt keine andere Motivation, die stark genug ist, um besonnen, gerecht und gottesfürchtig im jetzigen Zeitlauf zu leben als die Erwartung der Erscheinung unseres großen Gottes und Heilandes Jesus Christus. Im Griechischen heißt es wörtlich: „...indem wir auf diese gesegnete Hoffnung schauen und die Erscheinung des Herrlichseins des großen Gottes und unseres Heilands Jesus Christus."

Beachten Sie, dass die Bibel Jesus als „unseren großen Gott" bezeichnet. Er ist durch und durch göttlich, und jeder, der ihn „Heiland" nennen will, muss ihn auch „Gott" nennen. Er ist der große Gott und unser Heiland. Wer den Titel „Gott" abstreitet, hat auch kein Recht, den Titel „Heiland" zu verwenden. Doch die wahre Gemeinde, die ihn als Gott und Heiland anerkennt, führt in diesem gegenwärtigen bösen Zeitalter ein völlig anderes Leben als die Welt; sie ist abgesondert und erwartet nur eins: das Offenbarwerden des Bräutigams.

Kapitel 5: Die falsche Gemeinde und der falsche Christus, Teil 1

In diesem Kapitel möchte ich Ihnen gerne vor Augen führen, wie die Bibel die falsche Gemeinde und den falschen Christus darstellt, die beide sehr eng zusammen hängen. Ich stütze mich dabei größtenteils auf Offenbarung, Kapitel 17 und 18.

Greifen wir einige zentrale Merkmale der falschen Gemeinde heraus, wie sie diese Schriftstellen belegen. In Offenbarung 17,1 heißt es:

> *„Und es kam einer von den sieben Engeln, welche die sieben Schalen hatten, und redete mit mir und sprach: Komm her, ich will dir das Gericht über die große Hure zeigen, die [über] vielen Wassern sitzt..."*

Hier haben wir die Hure. In Vers 15 lesen wir:

> *„Und er* [der Engel] *spricht zu mir: Die Wasser, die du gesehen hast, wo die Hure sitzt, sind Völker und Völkerscharen und Nationen und Sprachen..."*

Diese falsche Gemeinde, die uns hier als die „Hure" vorgestellt wird, sitzt über vielen Wassern, und die vielen Wasser sind Völker und Völkerscharen und Nationen und Sprachen; daran erkennen wir, dass es dieser falschen Gemeinde am Ende der Zeit gelingen wird, die Vorherrschaft wohl über den Großteil der Menschheit zu erlangen; sie wird die Menschen verblenden und auf diese Weise, nämlich durch Täuschung, kontrollieren und beherrschen und sich unterwerfen. Die Tatsache, dass sie über ihnen sitzt, weist darauf hin, dass sie ihr in gewisser Hinsicht unterworfen sind und ihrer Kontrolle unterstehen.

Als nächstes halten wir fest, dass ihr Einfluss bei den Herrschern der Nationen ganz besonders groß ist. In Offenbarung 17,2 und 4 lesen wir:

„...mit der die Könige der Erde Unzucht getrieben haben; und die Bewohner der Erde sind trunken geworden von dem Wein ihrer Unzucht.... Und die Frau war bekleidet mit Purpur und Scharlach und übergoldet mit Gold und Edelgestein und Perlen, und sie hatte einen goldenen Becher in ihrer Hand, voll Greuel und Unreinheit ihrer Unzucht...“

Denselben Grundtenor hat auch Offenbarung 18,3:

„Denn von dem Wein der Wut ihrer Unzucht haben alle Nationen getrunken, und die Könige der Erde haben Unzucht mit ihr getrieben, und die Kaufleute der Erde sind durch die Macht ihrer Üppigkeit reich geworden.“

Dieser goldene Becher voll Gräuel in ihrer Hand ist zweifellos die falsche Lehre und ihr unheilvoller geistlicher Einfluss; mit dieser falschen Lehre und diesem unheilvollen geistlichen Einfluss verleitet sie die Könige und Regenten der Nationen zum geistlichen Ehebruch und zum Götzendienst, zwei Dinge, die in der Bibel eng miteinander verwandt sind.

In Offenbarung 18,3 heißt es: *„Denn von dem Wein der Wut ihrer Unzucht haben alle Nationen getrunken...“* Sie macht ihren Einfluss in jeder Nation der Welt geltend. So wird es sein, bevor diese Zeit zu Ende geht. Wir haben es hier also nicht mit einer kleinen, unbedeutenden Splittergruppe zu tun, sondern mit einer außerordentlich mächtigen geistlichen und politischen Macht, die am Ende der Zeit offenbar werden wird.

Greifen wir noch einige Verse aus Offenbarung 17 und 18 heraus, um eine Vorstellung davon zu bekommen, wie sie aussieht, welche Taktik sie verfolgt, welche Atmosphäre sie schafft und wie sie Einfluss nimmt. Es ist ein Bild des Luxus, des Glanzes, des Zeremoniellen und des Reichtums. Lesen wir einige Verse:

Offenbarung 17,4:

„Und die Frau war bekleidet mit Purpur und Scharlach...“

Ich werde die Bedeutung dieser Farben gleich noch näher erklären.

„...und übergoldet mit Gold und Edelgestein und Perlen...“

Geschmückt, wunderbar anzusehen und schön, aber auf eine sehr sinnliche Art und Weise.

Offenbarung 18,3:

„...und die Kaufleute der Erde sind durch die Macht ihrer Üppigkeit reich geworden.“

Sie besitzt alles, was edel und fein ist, in Hülle und Fülle; das bezieht sich auf alle Lebensbereiche wie Kunst, Kultur, Musik etc..

In den Versen 11 bis 13 lesen wir, dass die Kaufleute der Erde wehklagen, wenn das Gericht über sie kommt, weil ihnen damit ihr Hauptkunde genommen und vernichtet wird. Es heißt dort:

„Und die Kaufleute der Erde weinen und trauern um sie, weil niemand mehr ihre Ware kauft...“

In den nächsten beiden Versen wird die Ware aufgezählt, die die Hure kauft. Die Liste umfasst praktisch alles, was kostbar, elegant, teuer und kultiviert ist, das Auge anspricht und dem menschlichen Geschmack schmeichelt:

„...Ware von Gold und Silber und Edelgestein und Perlen und feiner Leinwand und Purpur und Seide und Scharlachstoff und alles Thujaholz [dieses Wort hängt vermutlich mit dem Wort für 'Weihrauch' zusammen] *und jedes Gerät von Elfenbein und jedes Gerät von kostbarstem Holz und von Erz und Eisen und Marmor und Zimt und Haarbalsam und Räucherwerk und Salböl und Weihrauch und Wein und Öl und Feinmehl und Weizen und Rinder und Schafe und von Pferden und von Wagen und von Leibeigenen und Menschenseelen.“*

Die Liste steigert sich bis zum letzten „Artikel“: Es ist tatsächlich so, dass sie Menschen kauft und verkauft. Sie handelt mit Menschenseelen. Sie ist ihre Herrin; sie zieht und lockt und bindet sie mit ihrem Zauber und mit ihrer Hexerei, wie wir gleich sehen werden.

*****

Die Farben, die in diesen Passagen genannt werden, haben eine bestimmte, nicht unwesentliche Bedeutung. In Offenbarung 18,12 heißt es: „...feine Leinwand und Purpur und Seide und Scharlachstoff...“ und in Offenbarung 17,4: „Und die Frau war bekleidet mit Purpur und Scharlach...“

Bestimmte Farben haben in der Bibel eine Bedeutung. In 2. Mose 28 werden die Gewänder des Hohepriesters der levitischen Priesterschaft beschrieben, der der Bundeslade des Mose diente. Sie werden feststellen, dass das, womit sich diese Hure schmückt, auch Kleidungsstücke des Hohepriesters waren, doch bei der Hure fehlt etwas, nämlich der in 2. Mose 28,8 und an vielen anderen Stellen erwähnte, bemerkenswerte Gürtel namens „Ephod“. Dies ist von eminenter Bedeutung, denn das „Ephod“ war ein Kleidungsstück, das speziell die Priesterschaft auszeichnete und sie von allen anderen Ämtern und Diensten unterschied. Es wird folgendermaßen beschrieben:

> *„Und der Gurt, mit dem es angelegt wird, der sich oben befindet, soll von gleicher Arbeit und aus einem Stück mit ihm sein: aus Gold, [blauem] und rotem Purpur, [Scharlach] und gezwirntem Byssus [Leinen].“*

Hier in 2. Mose 28,8 wird eine Farbe genannt, die in dem Text aus der Offenbarung fehlt. Ist Ihnen aufgefallen, welche? Blau.

Nun, in 2. Mose wird der Hohepriester beschrieben, der ein Sinnbild für Jesus ist; seine Farben sind wunderschön: blau, Purpur und Scharlach; diese Farben sagen etwas ganz Wunderbares über Jesus aus: Das Blau ist die Farbe des Himmels und der Göttlichkeit; Scharlach ist die Farbe der Menschheit und ihres Blutes; und Purpur ist die Vereinigung des Göttlichen und des Menschlichen in Jesus Christus.

Doch bei der Hure fehlt die Farbe Blau. Es ist nichts Himmlisches an ihr. Es ist alles von der Welt. Aber es ist gut getarnt. Wer nicht genau hinsieht, wird gar nicht bemerken, dass ihr etwas fehlt. Aber das Blau fehlt.

Deuten wir dies nun auf das dreieinige Wesen des Menschen, auf Geist, Seele und Leib: Die Hure spricht die Seele an; sie hat große sinnliche Wirkung, vermag jedoch den Geist nicht anzusprechen. Das ist in meinen Augen sehr, sehr bezeichnend, denn sie wird alles tun und haben, was Bildung und Kultur und Musik und Kunst und Schönheit zu bieten haben. Sie wird in all diesen Dingen eine Expertin sein.

In einer meiner Lehrserien befasste ich mich mit der Frage nach der Herkunft Satans. Ich wies darauf hin, dass, soweit die Bibel darüber Aussagen macht, Satan in der Zeit vor Adam für den Tempel der Anbetung Gottes verantwortlich war. Wenn es etwas gibt, womit sich Satan auskennt, dann ist es Musik und Religion. Und wenn diese beiden, Musik und Religion, unter seinem Einfluss kombiniert werden, üben sie eine verzaubernde Kraft aus. Genau das werden wir in dieser falschen Gemeinde sehen – alles Sinnliche und Seelische, aber nichts Geistliches.

*****

Lesen wir weiter: Die nächste wichtige, ja außerordentlich wichtige Tatsache finden wir in Offenbarung 17,5:

„...und sie hatte an ihrer Stirn einen Namen geschrieben, ein Geheimnis: 'Babylon, die große, die Mutter der Huren und der Greuel der Erde.'“

Dieser letzte Teil des Verses steht in manchen Bibeln in Großbuchstaben gedruckt oder in Anführungszeichen. Es sind dies die Worte, die auf ihrer Stirn stehen. Ein „Geheimnis“ ist etwas, dessen Bedeutung verschleiert ist, das jedoch das wahre Wesen einer Sache offenbart, sofern man es richtig deuten und anwenden kann. Diese Hure ist somit - in Anführungszeichen - „Babylon“, nicht das historische Babylon, sondern dessen geistliches Gegenstück.

Im Alten Testament finden wir natürlich eine Menge über Babylon. Im Alten Bund war Babylon die große Zerstörerin Jerusalems, der Stadt Gottes, und Israels, des Volkes Gottes. Die eigentliche Zerstörung des Tempels und die Wegführung des ganzen Volkes Gottes in die Knechtschaft geschah durch das babylonische Reich. Dies ist durchweg von immenser Bedeutung.

Ich möchte nicht kontrovers klingen, doch gegen Ende der Reformation verfasste Martin Luther eine Schrift mit dem Titel „Die babylonische Gefangenschaft der wahren Kirche". Ohne näher darauf einzugehen, wie er dieses Bild anwandte, besteht kein Zweifel darüber, dass wir auf dieses Thema aufmerksam werden sollten. Babylon verwüstete Gottes Stadt und Gottes Tempel und nahm Gottes Volk gefangen.

Wir können nun nicht im Einzelnen darauf eingehen, wie Babylon im Alten Testament dargestellt wird; aber ich möchte doch einen Aspekt herausgreifen, der in vielen Bibelstellen wiederkehrt, zum Beispiel in Jesaja 47 und Jeremia 50. Betrachten wir zunächst Jesaja 47,9 und 12-13. In Jesaja 47,1 lesen wir:

> *„Steig herunter und setz dich in den Staub, Jungfrau, Tochter Babel!"*

Hier wird Gottes Gericht über Babylon ausgesprochen; in Vers 9 nimmt es konkrete Züge an:

> *„Dies beides wird über dich kommen in einem Augenblick, an einem einzigen Tag..."*

Und wir werden in der Offenbarung sehen, dass genau dieses Gericht über das geistliche Babylon kommen wird:

> *„Dies beides wird über dich kommen in einem Augenblick, an einem einzigen Tag: Kinderlosigkeit und Witwenschaft. In vollem Maße werden sie über dich kommen trotz der Menge deiner Zaubereien, trotz der gewaltigen Fülle deiner Bannsprüche."*

Babylon war die Hexenmeisterin, eine Meisterin des Satanisch-Übernatürlichen, das Zerrbild des wahrhaft Geistlichen. Und genau das wird sich in der falschen Gemeinde reproduzieren.

In Jesaja 47,12-13 greift der Prophet dieses Thema noch einmal auf:

> *„Tritt doch auf mit deinen Bannsprüchen und mit der Menge deiner Zaubereien..."*

Bannsprüche und Zaubereien (in manchen Übersetzungen heißt es auch „Hexereien"). Der nächste Vers liest sich wie die Tageszeitung von heute:

> *„Du bist müde geworden durch die Menge deiner Beratungen. Sie sollen doch auftreten und dich retten, die Himmelszerleger, die Sternebeschauer, die an jedem Neumond wissen lassen, was über dich kommen soll!"*

Charakteristisch für Babylon waren Hexerei, Bann- oder Zaubersprüche, Astrologie, Sternenbeschauer und jene, „*...die an jedem Neumond wissen lassen, was über dich kommen soll"*. Was wäre ein modernes Wort dafür? Horoskope. Das ist exakt dasselbe. Die eigentlichen geistlichen Mächte, die in dieser falschen Gemeinde wirken, sind satanisch-übernatürlicher Art.

Und wir müssen uns über eins im Klaren sein: In der Endzeit wird jede Form von Religion übernatürlich sein, die Frage ist nur: Übernatürlich durch den Heiligen Geist oder übernatürlich durch Satan? Doch der Konflikt am Ende der Zeit wird im übernatürlichen Bereich ausgetragen werden.

Auch in Jeremia finden wir eine Prophetie des Gerichts über Babylon, die am Ende dieser Zeit am geistlichen Babylon erfüllt werden wird. Jeremia 50,1-2:

> *„Das Wort, das der Herr über Babel... geredet hat: Verkündigt es unter den Nationen und laßt es hören und richtet ein Feldzeichen auf! Laßt es hören, verschweigt es nicht! Sagt: Babel ist eingenommen, Bel zuschanden geworden, Merodach*

> *schreckerfüllt!* [das sind alles verschiedene Namen für Babylon] *Ihre Götzenbilder sind zuschanden geworden, ihre Götzen sind schreckerfüllt!"*

Sie war das Zentrum des Götzendienstes und der Anbetung von Götzenbildern. Weiter in Vers 38 desselben Kapitels (Jeremia 50):

> *„Dürre über seine Gewässer, daß sie austrocknen! Denn es ist ein Land der geschnitzten Bilder, und durch ihre Schreckbilder werden sie toll."*

Sie betreiben Götzendienst und die Anbetung von Götzenbildern derart extrem, dass es schon einer Art von geistlichem Wahnsinn gleichkommt. Die geistliche Kraft, die hinter alledem steckt, ist natürlich die Kraft Satans.

*****

Gehen wir zurück zu Offenbarung 17 und zu einem der bemerkenswertesten Statements zu diesem Thema. Bevor wir uns mit diesem Vers befassen, möchte ich noch eins sagen - nur für den Fall, dass mich jemand missversteht: Ich mache hier keine verschleierten Anspielungen weder auf die römisch-katholische Kirche noch auf den Weltkirchenrat noch auf die Ökumenische Bewegung oder dergleichen. Ich zeige lediglich auf, was die Bibel sagt; wie es anzuwenden ist, ist nicht Thema dieser Betrachtung.

Offenbarung 17,18 ist so klar und konkret wie man sich nur denken kann. Es steht völlig außer Frage, was damit gemeint ist. Offenbarung 17,18:

> *„Und die Frau, die du gesehen hast, ist die große Stadt, welche die Königsherrschaft über die Könige der Erde hat."*

Wenn man im Buch der Offenbarung eine Zeitform der Gegenwart vorfindet (es heißt hier *„**ist** die große Stadt"*), darf man nicht vergessen, dass sich diese Gegenwartsform auf die Zeit bezieht, in der Johannes die Offenbarung bekam, also etwa auf das Jahr 90 nach Christus. Zu jener Zeit war jedem ohne jeden Zweifel klar, was mit „der großen Stadt, die über die Könige der Erde herrscht", gemeint ist. Es gab nur eine Stadt, auf die diese Beschreibung zutraf, nämlich die Stadt Rom. Es gibt keinen Grund, daran auch nur ansatzweise zu zweifeln. Am Ende dieses Kapitels wird uns klar und deutlich gesagt, dass es hier um die Stadt Rom geht. Und ich zweifle nicht im geringsten daran, dass das auch genau so gemeint ist. Es gibt keinen Grund, übergeistlich zu sein und nach einer anderen Bedeutung zu suchen. All das hier dreht sich um Rom.

Vergleichen wir damit Vers 9 desselben Kapitels:

„Hier ist der Verstand nötig, der Weisheit hat [also der Dinge deuten kann]*: Die sieben Köpfe sind sieben Berge, auf denen die Frau sitzt."*

Jahrhunderte lang hoben römische Schriftsteller, Historiker und Dichter die Tatsache hervor, dass Rom auf sieben Hügeln erbaut wurde. Diese Tatsache ist so objektiv und definitiv wie die Tatsache, dass Nixon Präsident der USA war. Es besteht kein Zweifel darüber. Das ist keine Frage der Theorie oder der Spekulation, sondern ein absolut sicheres Faktum.

*****

Sehen wir uns nun an, wie sich Kains Religion in der Hure auswirkt und darstellt. Ich sagte bereits, dass Abels Religion einen Märtyrer hervorbrachte, Kains Religion hingegen einen Mörder; und glauben Sie mir: Weder das Maß an Märtyrern, noch das Maß an Mördern ist voll.

Als das Gericht über Babylon kommt, ergeht folgendes Wort vom Himmel. Offenbarung 18,20:

„Sei fröhlich über sie, du Himmel, und ihr Heiligen und Apostel und Propheten! Denn Gott hat für euch das Urteil an ihr vollzogen."

Der große Feind, die Apostel und Propheten, ist dieses religiöse, götzendienerische System.

Noch bemerkenswerter ist Vers 24; als ich diesen Vers las und mir dessen Bedeutung klar wurde, war ich absolut verblüfft:

> *„Und in ihr wurde das Blut von Propheten und Heiligen gefunden und von allen denen, die auf der Erde hingeschlachtet worden sind."*

Jeder Mord ist auf dieses religiöse System zurückzuführen. Als Kains Religion zum ersten Mal in der Menschheitsgeschichte zum Vorschein kam, brachte sie sofort einen Mörder hervor und hat sich seither nie verändert. Hätte es nie eine Religion Kains gegeben, hätte es auch nie einen Mord gegeben. Die Verantwortung für jeden Mord lässt sich letztendlich auf dieses religiöse System zurückführen.

Ich möchte diese Worte noch einmal lesen, damit Sie sehen, dass ich nicht übertreibe:

> *„Und in ihr wurde das Blut von Propheten und Heiligen gefunden und von allen denen, die auf der Erde hingeschlachtet worden sind."*

Denken Sie daran: Satan ist ein Mörder. Jesus sagte drei Dinge über ihn, die wir nie vergessen sollten: Er ist ein Lügner; er ist ein Dieb und er ist ein Mörder. Und seine Religion ist eine Religion, die in Mord endet.

*****

Betrachten wir nun kurz das Gericht, das über diese falsche Gemeinde kommen wird. Offenbarung 18,8-10:

> *„Darum werden ihre Plagen an einem Tag kommen: Tod und Trauer und Hunger, und mit Feuer wird sie verbrannt werden* [vollständig verbrannt]; *denn stark ist der Herr, Gott, der sie gerichtet hat. Und es werden um sie weinen und wehklagen die Könige der Erde, die mit ihr Unzucht getrieben haben und üppig gewesen sind, wenn sie den Rauch ihres Brandes sehen; und sie werden aus Furcht vor ihrer Qual von fern stehen und sagen: Wehe, wehe! Die große Stadt, Babylon, die starke Stadt! Denn in einer Stunde ist dein Gericht gekommen."*

In Vers 15 finden wir die höchst bemerkenswerte Aussage:

„Die Kaufleute dieser Dinge, die an ihr reich geworden sind, werden aus Furcht vor ihrer Qual von fern stehen, weinend und trauernd..."

Sie werden es nicht wagen, näher zu kommen. Das Gericht wird an *einem* Tag in Form von Feuer kommen. Es wird umfassend und vollständig sein und so, dass es die Menschen nicht wagen werden, näher heranzutreten.

Das ist nur meine persönliche Spekulation, aber wenn man sich bildlich ausmalen würde, wie es wohl wäre, wenn Atomwaffen gezündet werden, dann würde das wohl dieser Beschreibung entsprechen. Aufgrund der Radioaktivität sehen die Menschen von ferne zu, doch der Rauch steigt zum Himmel empor; man würde ihn sehen; die Zerstörung wäre augenblicklich, vollständig und unwiederbringlich; sollte eine Prophetie je darauf hinweisen, dass im großen Rahmen Atomwaffen gezündet werden könnten, dann vermutlich hier in diesem Kontext.

Es ist auch klar, dass der falsche Christus dieses Gericht über die falsche Gemeinde bringen wird. Wenn man mit dem Teufel etwas aushandelt, wird er die Vereinbarung früher oder später brechen. Er hält sein Wort nie. Wie ich die Schrift verstehe, wird der falsche Christus durch die falsche Gemeinde an die Macht kommen, doch sobald er einmal an der Macht ist, wird er sich gegen sie wenden und sie rücksichtslos vernichten. Ich denke, dies kann man auch Offenbarung 17,16-17 entnehmen:

„...und die zehn Hörner, [die du auf dem Tier gesehen hast], diese werden die Hure hassen und werden sie verwüsten und nackt machen und werden ihr Fleisch fressen und sie mit Feuer verbrennen [das Feuer wird also von Menschen entzündet werden]. *Denn Gott hat in ihre Herzen gegeben, seinen Sinn zu tun und in einem Sinn zu handeln und ihr Königreich dem Tier* [also dem Antichrist] *zu geben, bis die Worte Gottes vollendet sein werden."*

Die Frau kommt auf dem Tier reitend, doch am Ende wendet sich das Tier gegen die Frau und zerstört sie. Mit anderen Worten: Die falsche Gemeinde erringt die Vorherrschaft durch manipulative, politische Macht; doch am Ende erringt der Antichrist die Vorherrschaft, indem er die falsche Gemeinde manipuliert; nachdem er sie benutzt hat, um an die Macht zu kommen, wendet er sie gegen sie und zerstört sie rücksichtslos. Das ist ein ziemlich guter Abriss der Ereignisse.

Lesen wir noch ein weiteres, sehr, sehr bezeichnendes Statement über diese falsche Gemeinde, auf das jeder von uns gut achten sollte. Offenbarung 18,4:

> *„Und ich hörte eine andere Stimme aus dem Himmel sagen: Geht aus ihr hinaus, mein Volk, damit ihr nicht an ihren Sünden teilhabt und damit ihr nicht von ihren Plagen empfangt..."*

Es wird eine Zeit kommen - wenn sie nicht schon angebrochen ist-, in der die Identität der falschen Gemeinde so offensichtlich sein wird, dass jeder, der wahrhaft an den Herrn Jesus Christus glaubt, die direkte, von der Schrift verordnete Verpflichtung haben wird, sich von dieser falschen Gemeinde zu lösen. Wer jedoch mit ihr in Verbindung bleibt, wird für ihre sündhaften Taten mitverantwortlich gemacht werden und kommt unweigerlich auch unter das göttliche Gericht über diese sündhaften Taten.

Das Heil schützt uns nur dann, wenn es uns vor der Sünde rettet. Wir können nicht errettet sein, weitersündigen und dann dem Gericht Gottes über diesen Sünden entkommen. Doch wenn uns das Heil davon abhält zu sündigen, wird es auch kein Gericht geben, weil wir die Sünden nicht begangen haben. Mit anderen Worten: Bloß weil Sie Christ sind, heißt dies nicht, dass Sie alles tun können, was unbiblisch ist und Gott missfällt und dann dem Gericht Gottes über diesen Dingen entkommen. Gottes Gnade wird Sie in die Lage versetzen, so zu leben, dass Gott sein Gericht nicht über Sie bringen muss. Und das hier ist ein Punkt, auf den dies ganz besonders und praktisch zutrifft.

Ich kann mir vorstellen, dass die meisten von uns diese Schriftstelle in den nächsten zehn oder fünfzehn Jahren ganz persönlich auf sich selbst anwenden müssen. Es wird sehr, sehr klar sein, was damit gemeint ist. Und wenn wir weiterhin mit etwas assoziiert oder verbunden sind, das Gott als böse verurteilt hat, werden wir wegen unseres Anteils an diesem Bösen unter das Gericht Gottes kommen.

Die Leute sagen oft zu uns Reisepredigern: „Bruder Prince, das ist meine Gemeinde." Achten Sie gut darauf, wem Sie sich anschließen, denn falls das Gericht Gottes über diese Gruppierung kommt und Sie ihr angehören, kommt es auch über Sie. Ich meine damit keine spezielle Gruppe. Ich denke, wenn die Zeit gekommen ist, wird all das so klar sein, dass wir es ohne Mühe erkennen können. Vergessen Sie dies nicht, denn vielleicht müssen Sie diese Bibelstelle in der Zukunft einmal selbst in die Praxis umsetzen: *„Geht aus ihr hinaus, mein Volk, damit ihr nicht an ihren Sünden teilhabt..."* Es würde mich überraschen, wenn die Situation in der religiösen Welt in den nächsten fünfzehn Jahren nicht so klar und offensichtlich sein würde, dass kein vernünftiger Mensch mehr daran zweifelt, was ein gläubiger Christ zu tun hat.

*****

Gehen wir nun einen Schritt weiter und untersuchen wir, wie die Bibel den falschen Christus beschreibt, der sehr eng mit der falschen Gemeinde zusammenhängt, aber sich dennoch von ihr unterscheidet, weil er ja, wie gesagt, am Ende die falsche Gemeinde zerstören wird.

Die Bibel hat verschiedene Namen für diesen falschen Christus, die ich kurz untersuchen möchte, denn jeder dieser Namen gibt Aufschluss über seine Identität und Vorgehensweise. Beginnen wir mit 2. Thessalonicher 2. Die ersten 12 Verse von 2. Thessalonicher 2 sind vermutlich das Konkreteste überhaupt, was die Bibel über diese Person zu sagen hat; hier finden wir auch zwei ihrer Namen. Paulus sagt in 2. Thessalonicher 2,3:

> *„Laßt euch von niemand auf irgendeine Weise verführen, denn dieser Tag* [das ist der Tag Christi] *kommt nicht, es sei denn, daß zuerst der Abfall gekommen und der Mensch der [Sünde] geoffenbart worden ist, der Sohn des Verderbens..."*

Das sind zwei Namen dieser Person: **„Mensch der Sünde“** und **„Sohn des Verderbens“**. Das Wort, das hier mit „Sünde“ wiedergegeben wird, ist eigentlich das Wort für „Gesetzlosigkeit“ oder „Rebellion“. Er ist der Inbegriff aller Rebellion gegen die gerechte Regierung Gottes. Er baut sich selbst bewusst als Widerpart Gottes und des von Gott eingesetzten Herrschers Jesus Christus auf.

Als nächstes wird er als „Sohn des Verderbens“ bezeichnet, und es gibt nur eine andere Person in der Schrift, die „Sohn des Verderbens“ genannt wird; wir lesen von ihr in Johannes 17,12. Jesus betet zum Vater über seine zwölf Jünger und sagt:

> *„Als ich bei ihnen* [den Jüngern] *war, bewahrte ich sie in deinem Namen, [die] du mir gegeben hast; und ich habe sie behütet, und keiner von ihnen ist verloren als nur der Sohn des Verderbens, damit die Schrift erfüllt werde.“*

Es ist schon bemerkenswert, dass Judas zu denen gehörte, die Gott Christus gegeben hatte. Der Sprachgebrauch lässt keinen anderen Schluss zu. Judas war ein Apostel; niemand stellte dies je in Frage. Judas trieb Dämonen aus und salbte die Kranken mit Öl und galt auch bei den anderen elf so sehr als Apostel, dass sie nicht wussten, wer gemeint war, als ihnen beim letzten Abendmahl gesagt wurde, es sei ein Verräter unter ihnen. Doch hier wird er als „Sohn des Verderbens“ bezeichnet.

Das ist ungemein wichtig, denn es gibt viele verschiedene Bibelstellen, die klar belegen, dass der Antichrist im direkten und engen Zusammenhang mit der bekennenden Gemeinde aufstehen wird. In gewisser Hinsicht wird er ein falscher Apostel oder ein abgefallener Apostel sein. Seine Anfänge sind in der wahren Gemeinde zu suchen.

Zur Untermauerung lesen wir kurz 1. Johannes 2,18-19:

> *„Kinder, es ist die letzte Stunde* [das Ende des Zeitalters ist gekommen], *und wie ihr gehört habt, daß der Antichrist kommt...“*

Das ist der dritte Titel, der dritte Name dieser konkreten Person.

Er ist der **„Mensch der Gesetzlosigkeit“**, der **„Sohn des Verderbens“** und der **„Antichrist“**. Beachten wir nun, wie er hier als Antichrist mit dem Sohn des Verderbens zusammenhängt.

„...es ist die letzte Stunde, und wie ihr gehört habt, daß der Antichrist kommt so sind auch jetzt viele Antichristen aufgetreten; daher wissen wir, daß es die letzte Stunde ist.“

Ich habe bereits darauf hingewiesen, dass wir zwischen „Antichristen“ (Plural) und „**dem** Antichrist“ (Singular) unterscheiden müssen. Es gibt viele Antichristen, da es viele verschiedene Gruppierungen und Personen gibt, die vom Geist des Antichrists motiviert werden. Aber es gibt einen Inbegriff, einen Höhepunkt - **den** Antichrist (Singular).

In Vers 19 heißt es über die Antichristen:

„Sie sind von uns ausgegangen, aber sie waren nicht von uns; denn wenn sie von uns gewesen wären, würden sie wohl bei uns geblieben sein; aber sie blieben nicht, damit sie offenbar würden, daß sie alle nicht von uns sind.“

Das ist ein Merkmal der Antichristen: Sie gehen von der wahren Gemeinde aus, so wie Judas als wahrer Apostel begann, aber dann beim letzten Abendmahl hinausging und somit dokumentierte, dass er nicht wirklich zum Herrn Jesus Christus und den anderen Aposteln gehörte. Deshalb ist für mich eins absolut klar: Wenn der Antichrist „Sohn des Verderbens“ genannt wird, und die einzige andere Person der Bibel, die so bezeichnet wird, der abgefallene Apostel Judas ist, wird der Antichrist in gewissem Sinne ein abgefallener Apostel sein.

Ich kannte einen Bischof in den USA, an dem man sehr klar und offensichtlich erkennen konnte, welche Kräfte in ihm am Werk waren. In gewisser Hinsicht war er die perfekte Illustration dessen, was wir hier behandeln, denn er begann als Prediger Jesu Christi in einer Schlüsselstellung, geriet dann auf Abwege, verstrickte sich in Spiritismus und leugnete letztlich im Grunde alle grundlegenden Wahrheiten des christlichen Glaubens. Und er starb einen Tod, der in mancherlei Hinsicht dem Tod des Judas ähnlich war. Ich möchte nicht böswillig über diesen Mann reden; er ist tot; aber ich komme nicht umhin, Ihnen vor Augen zu führen, wie nah wir der tatsächlichen Manifestation dieser Dinge gekommen sind.

*****

Überlegen wir nun, was der dritte, hier in 1. Johannes 2,18 genannte Name **„Antichrist“** eigentlich bedeutet. „Antichrist“ ist ein griechisches Wort, das aus zwei Teilen besteht: *anti* und *Christos*, der griechischen Schreibweise für „Christus“.

Christos bedeutet „der Gesalbte“; es ist die griechische, neutestamentliche Form des hebräischen, alttestamentlichen Wortes *maschiach* oder „Messias“. Beide Wörter bedeuten „der Gesalbte“. Wenn man sagt: „Jesus ist der Christus“, sagt man damit: „Jesus ist der Messias“. Viele Christen haben das nicht erkannt. Und viele Juden, sogar Juden, die in den USA leben, verstehen nicht, dass dieses Wort „Christus“, das sie schon so oft gehört haben, nichts anderes als „Messias“ bedeutet. Sie wären schockiert, wenn wir ihnen sagten, dass Jesus für uns der Messias ist. Doch genau so ist es.

Anti ist eine Präposition, die in der griechischen Sprache zwei zentrale Bedeutungen hat, die beide auf diesen Titel zutreffen. *Anti* heißt „gegen“, aber auch „anstelle von“. Damit wäre auch schon das Wesen des Antichrists umfassend beschrieben: Zunächst ist er „gegen“ den wahren Christus. Zweitens steht er „anstelle“ des wahren Christus. Der in der Gemeinde operierende Geist des Antichrists muss demnach zweierlei tun: Er muss zunächst den wahren Christus hinauswerfen; er ist ja gegen ihn. Nachdem er den wahren Christus eliminiert und damit ein Vakuum geschaffen hat, wird er anschließend das Vakuum mit einem falschen Christus füllen.

Diese erste Phase, das „gegen“, lässt sich derzeit überall unter den bekennenden Christen mitverfolgen: Der Widerstand gegen Jesus von Nazareth als wahren Christus geht so weit, dass die ungläubige Welt Jesus oft sympathischer findet als die Theologen, Seminaristen und viele religiöse Leiter.

Ich unterhielt mich vor einiger Zeit mit einigen methodistischen Freunden; sie sagten: „In unserer Gemeinde ist Jesus ein Schimpfwort. Man kann über Buddha reden; man kann über Sokrates reden; man kann über Martin Luther King reden - da hat niemand etwas dagegen. Doch sobald man über Jesus redet, empören sich die Leute." Das ist der Geist des Antichrists. Er versucht, Jesus zu eliminieren und aus dem Weg zu schaffen.

Ich möchte die Methodisten nicht mehr angreifen als irgendeine andere Gruppierung, doch in derselben Gemeinde empfing eine Frau die Taufe im Heiligen Geist, und zum ersten Mal war Jesus ihr ganz real geworden. In dieser Gemeinde gab es vor Ende des Vormittagsgottesdienstes, vor der letzten Hymne, Gelegenheit, dass Methodisten nach vorne kommen und die Mitgliedschaft in dieser Gemeinde beantragen konnten.

Eine Woche, nachdem diese Frau die Taufe im Heiligen Geist empfangen hatte, ging sie bei dieser Gelegenheit nach vorne und sagte einfach nur: „Ich möchte vor euch allen bezeugen, dass ich das stellvertretende Opfer Jesu Christi für mich persönlich in Anspruch genommen habe." In der darauffolgenden Woche erhielt der Pastor zwölf Protestbriefe von verschiedenen Gemeindemitgliedern. Sie konnten diese Aussage nicht ertragen. Das ist der Geist des Antichrists.

Verstehen Sie mich nicht falsch; ich sage nicht, das sei unter Methodisten weiter verbreitet als unter irgendeiner anderen Gruppierung. Aber ich möchte eins sagen: Es ist derzeit vermutlich unter Protestanten viel weiter verbreitet als unter Katholiken. Da wollen wir ganz fair sein. Die Bastion dieses Denkens ist derzeit der intellektuelle, liberale Protestantismus. Die Katholiken haben den Anspruch Jesu im Großen und Ganzen nie bestritten. Unter Protestanten gilt es als altmodisch, an die jungfräuliche Geburt oder die Göttlichkeit Jesu Christi zu glauben. Wenn man die jungfräuliche Geburt leugnet, leugnet man automatisch, dass Jesus der Messias ist, denn sowohl das Alte als auch das Neue Testament sagen mit allem Nachdruck, dass der Messias von einer Jungfrau geboren wird. Und der Geist, der bestreitet, dass Jesus der Messias ist, ist der Geist des Antichrists. Das lesen wir hier.

1. Johannes 2,22:

„Wer ist der Lügner, wenn nicht der, der leugnet, daß Jesus der Christus [der Messias] *ist? Der ist der Antichrist, der den Vater und den Sohn leugnet."*

Es heißt hier nicht, dass er Gott leugnen würde. Ist Ihnen das aufgefallen? Er leugnet vielmehr die Person des Vaters und des Sohnes innerhalb des dreieinigen Gottes. Der Antichrist hat viel über Gott zu sagen, aber er mag Jesus, den Sohn Gottes nicht; und wenn man die Sohnschaft Jesu leugnet, muss man automatisch auch die Vaterschaft Gottes leugnen, denn die beiden hängen zusammen.

*****

Der nächste Name dieser Person wird in Offenbarung 13,1 folgende genannt:

„Und [ich] stand auf dem Sand des Meeres. Und ich sah aus dem Meer ein Tier aufsteigen..."

Im Griechischen steht hier „ein wildes Tier". In Offenbarung 4 und 5 ist von Tieren die Rede, die im Himmel den Thron Gottes umringen. Sie werden mit einem anderen griechischen Wort bezeichnet. Das griechische Wort in Kapitel 4 und 5 heißt wörtlich „lebendige Kreatur", doch in Kapitel 13 ist ausdrücklich ein „wildes Tier" oder ein „Raubtier" gemeint.

„Und [ich] stand auf dem Sand des Meeres. Und ich sah aus dem Meer ein Tier aufsteigen, das zehn Hörner und sieben Köpfe hatte, und auf seinen Hörnern zehn [Kronen] und auf seinen Köpfen Namen der Lästerung. Und das Tier, das ich sah, war gleich einem [Leopard]... [Dann am Ende von Vers 2:] *Und der Drache* [der Teufel] *gab ihm seine Kraft und seinen Thron und große [Autorität].* [Vers 4:] *Und sie beteten den Drachen an, weil er dem Tier die Macht gab, und sie beteten das Tier an..."*

„Das Tier" - das ist der vierte Name oder Titel dieser Person. Damit verbunden sind natürlich Kraft, Wildheit, Rohheit, Rücksichtslosigkeit und Grausamkeit. Wenn man diese vier Namen nebeneinander betrachtet, kann man sich ein sehr gutes und umfassendes Bild von dieser Person machen.

Der Geist des Antichrists arbeitet derzeit innerhalb des Christentums vor allem darauf hin, den wahren Christus zu verdrängen und hinauszuwerfen, denn erst wenn diese erste Phase seiner Operation abgeschlossen ist, kann die zweite Phase beginnen. In der zweiten Phase der Operation soll der wahre Christus durch den falschen Christus ersetzt werden. Dann verwirklicht sich die zweite Bedeutung der Vorsilbe *anti*, nämlich „anstelle von".

Ich bin mir sicher, dass viele, viele bekennende Christen, die mit großer Selbstgefälligkeit den Anspruch Jesu leugnen, schockiert sein werden, wenn sie mit der Alternative konfrontiert werden, denn die Alternative wird von ihrem Wesen her ein wildes Raubtier sein. Die Offenbarung stellt bewusst den Gegensatz zwischen „dem Lamm" und „dem Tier" her: das Lamm - der wahre Christus; das Tier - der falsche Christus.

Dieser Gegensatz wurde schon vor zweitausend Jahren in der Geschichte Israels offenbar, als Pontius Pilatus Jesus vor das Volk stellte und fragte: „Wenn wollt ihr als euren Herrscher? Diesen Mann oder Barrabas?" Jesus, das Lamm, oder Barrabas, das Tier? Auch Barrabas war ein Typus des Antichrists. Das Erstaunliche daran ist, dass die ganze jüdische Nation durch ihre offiziellen Anführer den wahren Christus ablehnte und sich für Barrabas aussprach, der ein Dieb, ein politischer Agitator, ein Mörder, ein gewalttätiger Mensch war. Wer veranlasste sie dazu? Der Geist des Antichrists, eine satanische Macht, die während ihrer Entscheidungsfindung über sie kam, sie verblendete, sie in die Irre führte und sie im Grunde wie wilde Tiere handeln ließ. Und diese Macht, die vor 1900 Jahren in Israel am Werk war, ist heute überall auf der Welt am Werk. Aber sie wirkt am stärksten im Leib Christi, denn der falsche Christus kann erst dann seinen Platz einnehmen, wenn der wahre Christus verdrängt ist.

Die Älteren unter uns haben schon mehrere Antichristen gesehen. In gewisser Hinsicht war Adolf Hitler etwas wie ein Antichrist. Als junger Mann begegnete ich auf einer Radtour durch Süddeutschland einigen Deutschen. Ein begeisterter Nazi lud mich ein, mit ihm nach Berchtesgaden zu kommen und dort Hitler zu treffen, und nur weil das hoch oben auf dem Berg gewesen wäre, ich jedoch nur ein Fahrrad hatte, lehnte ich ab. Doch ich werde nie vergessen, was dieser Mann zu mir sagte. Er sagte: „Für uns ist er etwas Heiliges.“ Damals empfand ich das als etwas Außerordentliches, aber ich erkannte die ganze Tragweite noch nicht. Ribbentrop, einer von Hitlers Handlangern, sagte in einer seiner Reden: „Für uns ist Hitler der Heilige Geist.“

Ein anderer Antichrist, wenngleich auch nur ein partieller Antichrist, war Josef Stalin. Die Kommunisten leugneten Gott und machten dann Stalin zu ihrem Gott. Viele, viele Kommunisten zur Zeit Stalins vertraten die Auffassung: „Stalin ist unser Gott“; einige haben es sogar ausgesprochen.

Dieser Geist will das Wahre loswerden; doch sein letztendliches Ziel ist es, das Wahre durch das Falsche zu ersetzen. Es wird ein Vakuum entstehen, das ausgefüllt werden wird.

*****

Sehen wir uns nun Lukas 4 an, eine Stelle, die in diesem Zusammenhang von herausragender Bedeutung ist. Anschließend gehen wir wieder zu Offenbarung 13 zurück. In Lukas 4,5-8 lesen wir von der Versuchung Jesu in der Wüste. Die zweite Versuchung wird folgendermaßen geschildert:

> *„Und er* [der Teufel] *führte ihn auf einen hohen Berg und zeigte ihm in einem Augenblick alle Reiche des Erdkreises. Und der Teufel sprach zu ihm: Ich will dir alle diese Macht* [„alle diese Autorität“] *und ihre Herrlichkeit geben; denn mir ist sie übergeben, und wem immer ich will, gebe ich sie. Wenn du nun vor mir anbeten willst, soll das alles dein sein. Und Jesus antwortete ihm und sprach: [Geh hinter mich, Satan. Denn] es steht geschrieben: ‘Du sollst den Herrn, deinen Gott, anbeten und ihm allein dienen.’“*

Als Adam fiel, wurde die Autorität, die Gott ihm über die Erde gegeben hatte, Satan übergeben. Satan sagt in Vers 6: *„...denn mir ist sie übergeben, und wem immer ich will, gebe ich sie..."* Satan sucht nach einem Menschen, der sein Handlanger sein wird, um letztlich die Macht über alle Nationen zu erlangen. Dazu braucht er eine herausragende Persönlichkeit, einen Menschen mit ganz besonderen Fähigkeiten und besonderer Intelligenz, keinen Durchschnittsbürger, sondern einen absolut herausragenden Menschen.

Er wusste, dass Jesus sein Mann wäre, wenn er ihn nur für sich gewinnen könnte. Deshalb sagte er zu Jesus: „Ich mache mit dir einen Handel. Du brauchst nichts anderes zu tun als mich anzubeten, und ich werde dich über alle Nationen setzen; ich bin dazu in der Lage, denn sie unterstehen alle meiner Kontrolle." Das wurde von Jesus auch nicht bestritten. Aber er sagte zu ihm: „Ich werde dich nicht anbeten."

Dann fügte er etwas ganz Bemerkenswertes hinzu, das in der King James Bibel nicht so gut herauskommt. Hier heißt es: *„Geh hinter mich, Satan!"* Doch im Griechischen heißt es wörtlich: „Folge hinter mir nach." Und genau so ist es auch: Wo auch immer Christus gepredigt wird, folgt der Geist des Antichrists auf dem Fuße. Sobald der wahre Christus präsentiert worden ist, wird die Welt vor die Wahl gestellt. „Welchen wollt ihr haben? Den wahren oder den falschen?" Das begann damals in Israel: „Wollt ihr Jesus oder Barrabas?" Und es wird seinen Höhepunkt am Ende der Zeit finden: „Werdet ihr an Jesus, den wahren Messias glauben, oder werdet ihr es zulassen, dass ihr verblendet werdet und den falschen Messias annehmt?" Jesus sagte damit: „Satan, ich geh als erster. Ich werde mich nicht beugen. Ich werde dich nicht anbeten. Aber du kannst hinter mir hergehen und die Welt wird sich entscheiden müssen."

In Joel 4,14 sagte Joel im Hinblick auf das Ende der Zeit:

„Scharen über Scharen im Tal der Entscheidung; denn nahe ist der Tag des Herrn im Tal der Entscheidung."

Und bevor dieses Zeitalter zu Ende geht, werden alle Nationen von der göttlichen Bestimmung ins Tal der Entscheidung gezwungen worden sein, und aus diesem Tal kommt niemand heraus, ohne eine Entscheidung zu treffen. Die Entscheidung ist nicht schwierig, sondern sehr einfach. „Entscheidest du dich für den wahren Christus oder für den falschen? Für diesen Mann oder für Barrabas?“ Und dieses Tal ist nicht mehr so weit weg wie viele meinen. Wir sind schon fast dort.

Jesus ließ sich nicht auf den Handel mit Satan ein, weil er der wahre Christus ist; der falsche Christus wird sich hingegen darauf einlassen und sagen: „Gut, Satan, ich werde dich anbeten. Ich verkaufe mich dir. Ich stelle mich dir vorbehaltlos zur Verfügung. Und nun gib mir die Macht über alle Nationen.“

Und Satan wird es tun. Wissen Sie, warum? Weil es sein größtes Ziel ist, angebetet zu werden. Da er Geist ist, muss er durch eine menschliche Fleischwerdung angebetet werden, so wie Gott Vater durch den Sohn angebetet werden muss. Deshalb muss Satan jemanden finden, der ihn repräsentiert und durch den er selbst angebetet werden kann. Hätte Jesus eingewilligt, wäre ihm das sehr recht gewesen. Doch Jesus ließ sich nicht auf den Handel ein; deshalb wartet Satan seit 1900 Jahren auf den Mann, der sich darauf einlassen wird. Und ohne näher auf Theorien und Spekulationen einzugehen, könnte ich mir ohne weiteres vorstellen, dass dieser Mann bereits irgendwo auf der Welt geboren wurde. Es wird ein herausragender Mann sein, eine gewaltige Erscheinung, ein brillanter, intelligenter Mann, eine echte Persönlichkeit. Sobald Satan ihn sieht, kommt auch der Augenblick, in dem sich dieser Mann auf den Handel mit Satan einlassen wird. Er wird Satan seine Seele verkaufen, um damit politische Macht zu erlangen. Dieser Mann wird „das Tier“ sein.

*****

Gehen wir nun zurück zu Offenbarung 13 und lesen wir noch einmal diese Worte, um uns zu vergegenwärtigen, wie wichtig sie sind. Sehen wir uns die zweite Hälfte von Vers 2 an:

> *„Und der Drache gab ihm seine Kraft und seinen Thron und große Macht* [oder: „große Autorität“]...“

...so wie er es mit Jesus getan hätte, wenn dieser eingewilligt hätte.

„Und ich sah einen seiner Köpfe wie zum Tod [verletzt].“

Wir werden noch später darauf eingehen, welche Bewandtnis es damit hat.

„Und seine Todeswunde wurde geheilt, und die ganze Erde staunte hinter dem Tier her.“

Er war ein Supermann. In den vergangenen fünfzig Jahren wurde viel Vorarbeit geleistet, um die Welt auf ihn vorzubereiten. Einer, der mit zu dieser Vorbereitung beitrug, war George Bernhard Shaw mit seinem Stück *Mensch und Übermensch*. Damit wird das Denken der Menschen schon im voraus weich gemacht, damit es für den Supermann aufnahmebereit ist. Und er wird tatsächlich ein Supermann sein. Die Welt wird „hinter ihm herstaunen“. Es wird ein Mann sein wie es ihn noch nie auf Erden gegeben hat.

Vers 4:

„Und sie beteten den Drachen an, weil er dem Tier die Macht gab, und sie beteten das Tier an...“

Hier haben wir's: Satan wird sein Ziel erreichen. Er wird die Welt dazu bringen, ihn durch das Tier, den Antichrist, anzubeten. Indem sie den Antichrist anbeten, werden sie den Teufel anbeten. Der wahre Christus weigerte sich, auf diesen Handel einzugehen; der falsche Christus wird darauf eingehen.

*****

Bevor wir dieses Kapitel abschließen, werden wir noch einige weitere Aspekte untersuchen. Wir werden dieses Thema im nächsten Kapitel fortsetzen und abschließen.

Lesen wir noch einmal 2. Thessalonicher 2, Vers 3:

„Laßt euch von niemand auf irgendeine Weise verführen, denn dieser Tag [das ist der Tag der Offenbarung des wahren Christus] *kommt nicht, es sei denn, daß zuerst der Abfall gekommen und der Mensch der [Sünde] geoffenbart worden ist...“*

Dieser „Abfall" ist der Abfall vom wahren Glauben an Jesus Christus. Und es gibt nur einen Ort, wo dieser Abfall stattfinden kann - innerhalb des Leibes Christi, innerhalb der Gemeinde. Wer nie gläubig war, kann auch nicht vom Glauben abfallen. Dies ist der Abfall derer, die im Glauben sind, und der Apostel Paulus sagt hier etwas durch und durch Logisches: Der Antichrist kann erst dann offenbart werden, wenn der Glaube der Gemeinde zusammengebrochen ist. Sobald man die Gemeinde dahingehend konditioniert hat, die Ansprüche Jesu abzustreiten und abzulehnen und damit vom wahren Glauben Christi abzufallen, wird der Weg für das Offenbarwerden des falschen Christus frei sein.

Und genau das vollzieht sich derzeit. Es läuft ein überaus geschickt geplantes und perfekt durchorganisiertes Programm mit dem Ziel, Jesus zu disqualifizieren, ihn zu diskreditieren und alle zentralen Dinge, die die Bibel über ihn sagt, zu diskreditieren - seine Göttlichkeit, seine jungfräuliche Geburt, sein stellvertretendes Sühneopfer, seinen leiblichen Tod, die Kraft seines vergossenen Blutes, seine leibliche Auferstehung. Jede grundlegende Wahrheit, die die Bibel immer und immer wieder über Jesus aussagt, wird heutzutage attackiert; das Außergewöhnliche daran ist - und man erkennt es oft nicht, wenn man nicht weiß, was dahintersteckt -, dass die Angriffe nicht aus der Welt kommen, sondern aus dem Leib Christi selbst.

Ich möchte dies abschließend kurz anhand eines Beispiels verdeutlichen. 1962 reiste ich durch Kanada. Ich wurde mit einigen Leitern einer christlichen Gruppierung in Kanada konfrontiert; sie kamen aus der United Church. Die United Church in Kanada hatte soeben neue Sonntagsschul-Materialien eingeführt. Ich hatte das Vorrecht, einige der Leute, die dafür verantwortlich waren, zu treffen und mit ihnen zu sprechen. Die Materialien warfen alle möglichen Fragen auf wie: Ist es eigentlich notwendig, an die jungfräuliche Geburt zu glauben? Ist es eigentlich nötig, an die Göttlichkeit Jesu Christi zu glauben? Ist es eigentlich nötig, an die leibliche Auferstehung zu glauben? Das Bemerkenswerte war, dass niemand in der United Church gegen diese neuen Sonntagsschul-Materialien protestierte. Wissen Sie, wer dagegen protestierte? Die weltliche Presse. Das war absolut phantastisch.

Man hätte die Materialien bei den Kirchenmitgliedern ohne ein Wort des Protests durchgebracht, aber es ging ein Aufschrei durch die säkulare Presse über die systematische Leugnung der großen, grundlegenden Wahrheiten des christlichen Glaubens. Das ist es. Es muss *innerhalb des Leibes Christi* zu einem Abfall vom Glauben kommen. Jesus muss diskreditiert werden. Doch sobald dies geschehen ist, ist der Weg frei für den falschen Christus.

Kapitel 6: Die falsche Gemeinde und der falsche Christus, Teil 2

Befassen wir uns im letzten Kapitel dieses Buches mit einigen weiteren Aspekten, die die Bibel über diesen Antichrist, diesen falschen Christus, offenbart.

In Offenbarung 13,1 haben wir das Bild einer politischen Föderation, die am Ende der Zeit entstehen wird. Es wird Ihnen auffallen, dass die verschiedenen Tiere, die die wichtigsten, heidnischen, politischen Mächte am Ende der Zeit symbolisieren, allesamt mehrere Köpfe haben - das ist das Prinzip der Föderation, in der sich mehrere Staaten zusammenschließen. Im Gegensatz dazu hat die wahre Gemeinde, der Leib Jesu Christi, nur einen Kopf, nur ein Haupt, nämlich Jesus Christus.

In Offenbarung 13,1 beschreibt Johannes, wie er dieses Tier aus dem Meer heraussteigen sah; es hatte sieben Köpfe und zehn Hörner und auf den Hörnern zehn Kronen und auf seinen Köpfen standen Namen der Lästerung. Die Köpfe und die Hörner stehen für zwei aufeinanderfolgende Herrschaftsphasen: zunächst die Herrschaft der Köpfe, dann die Herrschaft der Hörner. Und vor allem mit den Hörnern wird ein ungeheures Maß an Blasphemie in Verbindung gebracht.

In Offenbarung 17,3 erscheint die Hure, die falsche Gemeinde; sie reitet auf diesem Tier. Mit anderen Worten: Die falsche Gemeinde wird dadurch aufstehen, dass sie politische Kraft manipuliert und sich zunutze macht, um so in eine Position der Weltherrschaft zu gelangen.

In Offenbarung 17,3 führt der Engel Johannes im Geiste hinaus in die Wüste, und er sagt:

„...und ich sah eine Frau auf einem scharlachroten Tier sitzen, das voll Lästernamen war und sieben Köpfe und zehn Hörner hatte."

Für mich besteht kein Zweifel darüber, dass dies dasselbe Tier ist; die Frau reitet auf dem Tier, was darauf hinweist, dass sie es zu jenem Zeitpunkt - wie das alte Babylon - durch ihre Manipulation geistlicher und politischer Macht sowie durch ihre Hexerei und Zauberei unter ihrer Kontrolle hat.

Die Bibel weist als nächstes darauf hin, dass der Antichrist aus derselben politischen Föderation heraus entstehen und sich der falschen Gemeinde bedienen wird. Anschließend werden sich der Antichrist und seine Anhänger gegen die falsche Gemeinde wenden und sie vernichten. Mit anderen Worten: Gott wird es zulassen, dass der falsche Christus die falsche Gemeinde richtet und vernichtet. Der falsche Christus ist eben das Gegenstück zu Jesus, dem wahren Christus, der der Heiland und Beschützer seiner Braut, der wahren Gemeinde ist, und sich an ihr erfreut.

Lesen wir hierzu Offenbarung 17,16 und 17, wo der Engel einen Teil der Vision, die Johannes hatte, deutet. Der Engel sagt über die zehn Hörner des Tieres:

„...und die zehn Hörner, die du gesehen hast, und das Tier, diese werden die Hure [die falsche Gemeinde] hassen und werden sie verwüsten und nackt machen und werden ihr Fleisch fressen und sie mit Feuer verbrennen. Denn Gott hat in ihre Herzen gegeben, seinen Sinn zu tun und in einem Sinn zu handeln und ihr Königreich dem Tier zu geben, bis die Worte Gottes vollendet sein werden."

In diesem Kontext ist das Tier der Antichrist selbst, der in Daniel 7 als kleines Horn dargestellt wird, das zwischen den zehn Hörnern wächst und dann drei von ihnen verdrängt und ihren Platz einnimmt. Lesen wir hierzu Daniel 7,7-8. Vergessen Sie nicht, dass ein Großteil der Bildersprache der Offenbarung auf die Bildersprache von Daniel zurückgeht. Daniel hat eine Vision und sagt in Vers 7:

> *„Nach diesem schaute ich in Gesichten der Nacht: und siehe, ein viertes Tier* [nach drei anderen Tieren, die er in den vorangehenden Versen sah], *furchtbar und schreckenerregend und außergewöhnlich stark, und es hatte große eiserne Zähne; es fraß und zermalmte, und den Rest zertrat es mit seinen Füßen. Und es war verschieden von allen Tieren, die vor ihm waren, und es hatte zehn Hörner* [damit ist die Verbindung zum Tier aus Offenbarung 13,1 hergestellt]. *Während ich auf die Hörner achtete, siehe, da stieg ein anderes, kleines Horn zwischen ihnen empor* [das ist der Antichrist selbst], *und drei von den ersten Hörnern wurden vor ihm ausgerissen; und siehe, an diesem* [kleinen] *Horn waren Augen wie Menschenaugen und ein Mund, der große Worte redete."*

Das sind seine blasphemischen Behauptungen. Etwas später deutet der Engel Daniel diesen Teil der Vision. Vers 24:

> *„Und die zehn Hörner bedeuten: aus diesem Königreich werden sich zehn Könige erheben. Und ein anderer* [das ist der Antichrist] *wird sich nach ihnen erheben, und dieser wird verschieden sein von den vorigen* [worin, das werden wir gleich sehen], *und er wird drei Könige erniedrigen* [das sind die drei Hörner, die ausgerissen werden, die drei Könige, die der Antichrist verdrängt und in gewisser Hinsicht das dadurch entstehende Vakuum selbst ausfüllt]. *Und er wird Worte reden gegen den Höchsten* [das sind seine blasphemischen Behauptungen] *und wird die Heiligen des Höchsten aufreiben; und er wird danach trachten, Festzeiten und Gesetz zu ändern, und sie* [die Heiligen des Höchsten] *werden in seine Hand gegeben werden für eine Zeit und zwei Zeiten und eine halbe Zeit."*

Betrachten wir nun 2. Thessalonicher 2, eine Stelle, die deutlich macht, dass der Antichrist nicht durch normale politische Mittel, sondern durch geistliche Mittel, durch übernatürliche Kraft, an die Macht kommen wird, die ihm direkt von Satan zur Verfügung gestellt werden wird. Ich möchte etwas dazu sagen, das ich für wichtig halte: Wie ich die Situation verstehe, gibt es nur zwei Quellen übernatürlicher Kraft

- Gott und den Teufel. Jede übernatürliche Kraft, die nicht von Gott kommt, kommt vom Teufel. Der Teufel hat übernatürliche Kraft und stellt sie denjenigen zur Verfügung, die er benutzen möchte.

Lesen wir nun 2. Thessalonicher 2,9-10. In Vers 8 ist von **„dem Gesetzlosen“** die Rede; das ist - nebenbei bemerkt - auch ein Name des Antichrists. Über ihn heißt es in Vers 9:

> *„...ihn, dessen Ankunft gemäß der Wirksamkeit des Satans erfolgt, mit jeder Machttat und mit Zeichen und Wundern der Lüge und mit jedem Betrug der Ungerechtigkeit für die, welche verloren gehen, dafür, daß sie die Liebe der Wahrheit zu ihrer Errettung nicht angenommen haben.“*

Hier haben wir einen ungemein wichtigen Punkt, der jeden von uns betrifft. Wenn wir die Liebe der Wahrheit, wie sie uns vom Heiligen Geist dargereicht wird, ablehnen, werden wir keine Wahl mehr haben und der Lüge glauben. Der einzige Schutz vor der Verführung durch Satans Lüge besteht darin, dass wir die Wahrheit anerkennen, wenn sie uns vom Heiligen Geist dargereicht wird. Aber ich bin schon oft Menschen begegnet, die die Wahrheit nicht anerkennen wollten, weil sie nicht in ihr vorgefasstes religiöses Denkschema oder ihre konfessionelle Prägung passte oder weil etwas in ihrem Leben nicht mit dem übereinstimmte, was ihnen der Heilige Geist zeigte. Und diese Menschen schweben in großer Gefahr, denn sie sind es, die von der Lüge Satans verblendet werden.

Es ist in der Thessalonicher-Stelle von „Betrug“ und „Ungerechtigkeit“ die Rede. Wenn der Heilige Geist Ihnen eine Wahrheit offenbart, dann soll sie Ihr Leben verändern und es gerecht machen. Doch diejenigen, die nicht gerecht gemacht werden wollen, werden die Wahrheit ablehnen. Und sie werden dann keine andere Wahl mehr haben: Sie werden Satans Lüge glauben, und es wird ihnen gestattet werden, in ihrer Ungerechtigkeit zu verharren, was sie im Grunde ja auch wollen.

Auch dies ist eine Parallele zu Daniel. Das achte Kapitel von Daniel beschäftigt sich mit dem kleinen Horn. Das ist das Thema dieses

Kapitels und, wie gesagt, eins der Sinnbilder für den Antichrist. Daniel 7 beschäftigt sich vorwiegend mit jener Phase der Menschheitsgeschichte, in der er emporkommen wird; in Daniel 8 geht es in erster Linie um den geographischen Ort, an dem er emporkommen wird. Das hängt mit dem Reich von Alexander dem Großen zusammen (obwohl wir in diesem Buch nicht näher darauf eingehen können).

Lesen wir Daniel 8,23-24:

„Und am Ende ihrer Königsherrschaft..."

Das ist die Herrschaft der Nachfolger von Alexander dem Großen.

„...wenn die Abgefallenen das Maß vollgemacht haben..."

Wenn Sünde und Unrecht ihr volles Maß erreicht haben, wird Satan den menschlichen Charakter manipulieren können, um den Antichrist hervorzubringen.

„...wird ein König aufstehen, mit hartem Gesicht..."

Das ist der Antichrist.

„...und verständig in dunklen Sätzen..." (wörtl. a. d. Engl.)

Er versteht Rätsel; er versteht Dinge, die sich dem natürlichen Denken entziehen. Er hat übernatürliche Erkenntnis.

„Und seine Macht wird stark sein, jedoch nicht durch seine eigene Macht..."

...sondern durch Macht, die ihm Satan zur Verfügung stellt...

„...und er wird entsetzliches Verderben anrichten und wird erfolgreich sein und handeln. Und er wird die Starken und das Volk der Heiligen vernichten."

Damit ist das Volk Gottes gemeint und ich würde sagen, vor allem Israel.

In Hesekiel 28 haben wir eine weitere prophetische Vorschau auf den Antichrist. Wir werden noch öfter auf Hesekiel 28 zu sprechen kommen. Im ersten Teil von Hesekiel 28 werden uns zwei Personen vorgestellt. Die erste heißt „Fürst von Tyrus", die zweite „König von Tyrus". Es ist wichtig, festzuhalten, dass diese zwei verschiedene Personen sind. Die erste Person - der „Fürst von Tyrus" - ist ein Mensch; die zweite Person ist kein Mensch und war nie ein Mensch und konnte auch nie ein Mensch sein und ist niemand anderer als Satan selbst. Damit ist die Beziehung zwischen beiden klar: Der menschliche Herrscher, der Fürst von Tyrus, wird von Satan, der im Hintergrund steht, inspiriert, befähigt, kontrolliert und benutzt. Das ist eine exakte Vorschau auf die Beziehung zwischen Satan und dem Antichrist. In gewisser Hinsicht ist Hesekiel 28 vielleicht die klarste Vorschau auf den Antichrist und Satan und ihre Beziehung am Ende des Zeitalters.

Hesekiel 28,2 werden wir uns später noch näher ansehen, doch beachten Sie zunächst einmal diese Einleitung:

> *„Menschensohn* [das ist der Prophet Hesekiel], *sage zum Fürsten von Tyrus: So spricht der Herr: Weil dein Herz hoch hinaus will und du sagst: 'Gott bin ich, den Wohnsitz der Götter bewohne ich im Herzen der Meere! - während du doch nur ein Mensch bist und nicht Gott; du aber erhebst dein Herz, als wäre es Gottes Herz - siehe, du bist weiser als Daniel, nichts Verborgenes ist dunkel für dich..."*

Auch das ist wieder eine Anspielung auf die übernatürliche, satanische Erkenntnis, die Satan dem Antichrist verleihen wird. Hinter diesem Menschen, dem Fürst von Tyrus, steht der König von Tyrus. Wir streifen kurz Hesekiel 28,12. In Vers 12 wird dem Propheten folgendes gesagt:

> *„Menschensohn, erhebe ein Klagelied über den König von Tyrus und sage ihm: So spricht der Herr..."*

In den folgenden Versen finden wir eine umfassende und exakte Beschreibung Satans, eines Cherub, der früher einmal am Ort der Anbetung im Tempel Gottes war. Weil er auf seinen Glanz und seine Weisheit stolz wurde, fiel er; das konnte niemand anderer im ganzen Universum sein als Satan. Vers 12:

> *„Du warst das vollendete Siegel, voller Weisheit und vollkom-*

men an Schönheit, du warst in Eden, dem Garten Gottes; aus Edelsteinen jeder Art war deine Decke: Karneol, Topas und Jaspis, Türkis, Onyx und Jade, Saphir, Rubin und Smaragd; und Arbeit in Gold waren deine Ohrringe und deine Perlen an dir; am Tag, als du geschaffen wurdest, wurden sie bereitet. Du warst ein mit ausgebreiteten Flügeln schirmender Cherub, und ich hatte dich dazu gemacht; du warst auf Gottes heiligem Berg, mitten unter feurigen Steinen gingst du einher. Vollkommen warst du in deinen Wegen von dem Tag an, als du geschaffen wurdest..."

Beachten Sie: Obwohl er ein Cherub ist, ist er ein geschaffenes Wesen.

„...bis sich Unrecht an dir fand. [Vers 17:] Dein Herz wollte hoch hinaus wegen deiner Schönheit, du hast deine Weisheit zunichte gemacht um deines Glanzes willen. Ich habe dich zu Boden geworfen, habe dich vor Königen dahingegeben, damit sie ihre Lust an dir sehen."

Das ist eine sehr, sehr klare Darstellung Satans, zunächst in seiner Weisheit und Schönheit vor seinem Fall, und dann in seiner Rebellion, aufgrund der er aus dem Himmel, aus der Wohnung Gottes, hinausgeworfen wurde. Er ist die Macht, die hinter dem menschlichen Herrscher von Tyrus steht. Der Fürst von Tyrus ist ein Mensch, der sich als Gott ausgibt. Er wird auf übernatürliche Weise von einer Persönlichkeit, die im Hintergrund steht, von Satan selbst, inspiriert, geleitet, kontrolliert und benutzt.

Und so wie die Machtverhältnisse in der Stadt Tyrus waren, werden sie am Ende der Zeit auf Erden zwischen dem Antichrist und Satan sein. Sie werden exakt dieselbe Beziehung zueinander haben:

Satan wird dem Antichrist übernatürliche Weisheit und Macht und List schenken und ihn zu seinen eigenen Zwecken benutzen, um die völlige Kontrolle über die Erde zu erlangen. Anschließend wird er durch ihn seinen höchsten Ehrgeiz befriedigen, nämlich die Anbetung der ganzen Erde zu bekommen. Vergessen Sie nie, dass es immer das

Hauptziel Satans ist, angebetet zu werden. Das ist sein größter Wunsch. Um angebetet zu werden, wollte er damals im Himmel zur Wohnung Gottes durchbrechen. Und aus diesem Grund wurde er in Schimpf und Schande hinausgeworfen.

*****

Gehen wir nun zurück zu Offenbarung 13 und greifen wir noch einige weitere Bilder, weitere Einzelheiten über den Antichrist heraus. Offenbarung 13,3:

„Und ich sah einen seiner Köpfe...“

Und das ist offensichtlich derselbe Kopf, von dem in Daniel 7 die Rede ist, jener Kopf, der herauswuchs, nachdem drei andere ausgerissen wurden.

> *„...wie zum Tod geschlachtet. Und seine Todeswunde wurde geheilt, und die ganze Erde staunte hinter dem Tier her...* [Vers 12:] *Und die ganze Macht des ersten Tieres* [das ist der Antichrist] *übt es* [das ist der falsche Prophet] *vor ihm aus, und es veranlaßt die Erde und die auf ihr wohnen, daß sie das erste Tier anbeten, dessen Todeswunde geheilt wurde...* [Vers 14:] [Und der falsche Prophet] *...sagt denen, die auf der Erde wohnen, dem Tier, das die Wunde des Schwertes hat und wieder lebendig geworden ist, ein Bild zu machen.“*

Es ist klar, dass ein Anschlag auf diesen Mann verübt werden wird. Offenbar wird dieser Mann tatsächlich getötet und anschließend wieder von den Toten auferweckt werden. Das wird sein Prestige bis ins Unermessliche steigern. Es wird eine Art Auferstehung sein.

Ich sage oft - ohne damit irgend etwas Falsches über den amerikanischen Präsidenten Kennedy sagen zu wollen -, dass ihm die ganze amerikanische Nation zu Füßen gelegen wäre, wenn er nach dem Anschlag auf sein Leben auf übernatürliche Weise wiederhergestellt worden wäre. Er hätte mit dem Land tun können, was er wollte. So wird es beim Antichrist sein. Offenbar wird es einen Anschlag auf sein Leben geben und anschließend eine Auferstehung; und die Tatsache, dass er tot war und wieder lebendig wird, wird ihm ein übernatürliches Siegel aufdrücken, so wie die Totenauferstehung Jesus Christus wie mit einem übernatürlichen Siegel als den wahren Christus bestätigte. Wo er nur kann, erzeugt Satan mit seinen Pendants einen Zerrspiegel der Wahrheit.

Offenbarung 13,4 gibt uns einen Einblick in die ungeheure politische, militärische und wirtschaftliche Kraft, über die er verfügen wird. Es heißt über die Menschen auf Erden:

> *„Und sie beteten den Drachen* [das ist der Teufel] *an, weil er dem Tier* [dem Antichrist] *die Macht gab..."*

Das ist die Beziehung zwischen dem Fürst von Tyrus und dem König von Tyrus. Satan gibt seine Macht dem Antichrist.

> *„...und* [die Menschen auf Erden] *beteten das Tier an und sagten: Wer ist dem Tier gleich? Und wer kann mit ihm kämpfen?"*

Aufgrund seines massiven Aufgebots an politischer, militärischer und wirtschaftlicher Macht wird es schlichtweg unmöglich sein, auch nur mit dem Gedanken zu spielen, gegen ihn Krieg zu führen oder sich seinem Willen zu widersetzen.

Wenn heute zum Beispiel auf Erden ein Mann an die Macht kommen würde, der das gesamte Atomwaffenarsenal Russlands, der Vereinigten Staaten und aller anderen Atomwaffenstaaten unter seine Kontrolle bringen würde, wäre er damit fast automatisch militärisch unbesiegbar, weil er jeden, der sich seinem Willen widersetzt, sofort auslöschen könnte. Und ich glaube, dass der Antichrist so etwas in dieser Art tun wird. Wie ich im vorangegangenen Kapitel erwähnte, scheint es den Hinweis darauf zu geben, dass er an einem bestimmten Punkt seiner Karriere tatsächlich Atomwaffen einsetzen wird, um die Stadt Rom zu vernichten.

Offenbarung 13,7 beschreibt das ganze Ausmaß seiner Herrschaft:

> *„Und es wurde ihm gegeben, mit den Heiligen* [also dem Volk Gottes] *Krieg zu führen und sie zu überwinden; und es wurde*

ihm Macht gegeben über jeden Stamm und jedes Volk und jede Sprache und jede Nation."

Wie ich das verstehe, wird dabei keine Nation ausgespart. Wenn er Macht hat über „jeden Stamm und jedes Volk und jede Sprache und jede Nation", ist er die einzige, universelle Weltmacht.

Offenbarung 13,5 und 6 schildern seine Lästerungen:

„Und es wurde ihm ein Mund gegeben, der große Dinge und Lästerungen redete..."

In letzter Konsequenz gehen alle geistliche Macht und alle geistlichen Waffen durch den Mund - sei es zum Guten oder zum Schlechten. Und deshalb wird der Antichrist vor allem mit seinem Mund Macht ausüben.

„...und es wurde ihm Macht gegeben, zweiundvierzig Monate zu wirken."

Hier wird eine bestimmte Zeitspanne festgesetzt, für die er die Welt beherrschen wird.

Vers 6:

„Und es öffnete seinen Mund zu Lästerungen gegen Gott, um seinen Namen und sein Zelt und die, welche im Himmel wohnen, zu lästern."

Hier finden wir einen interessanten Verweis auf *„die, welche im Himmel wohnen"*. Ich möchte mich nicht lange damit aufhalten, aber im Griechischen heißt es: „...die ihr Zelt im Himmel aufgeschlagen haben." Dieses Wort bezeichnet keine dauerhafte Wohnung.

Ich persönlich neige zu der Anschauung, dass damit die entrückten Heiligen Gottes gemeint sind, die am Hochzeitsmahl teilnehmen. Das Laubhüttenfest, das letzte der drei großen Feste des mosaischen Gesetzes, wurde nach der Ernte gefeiert; jeder männliche Israelit ging hinauf nach Jerusalem und lebte dort sieben Tage lang in einer Hütte aus Zweigen und Laub. Für mich besteht kein Zweifel darüber, dass auch dieses Fest wie die beiden anderen großen Feste Passah (das

Opfer Jesu Christi) und Pfingsten ein exaktes Gegenstück im Neuen Testament haben muss.

Dieses letzte, große Fest des mosaischen Gesetzes war, wie gesagt das Laubhüttenfest am Ende der Ernte, bei dem jeder männliche Israelit nach Jerusalem hinaufgehen und dort sieben Tage lang in Zelten oder „Laubhütten" wohnen musste. Das Wort, das hier in Offenbarung 13,6 mit „wohnen" übersetzt wird, aber eigentlich richtiger mit „im Zelt wohnen" wiedergegeben wird, ist genau das Wort, das in der griechischen Version des Alten Testaments für dieses Fest verwendet wird. Man könnte es sich also so vorstellen, dass die entrückten Heiligen ihre Zelte im Himmel aufschlagen und am Bankett bzw. am Hochzeitsmahl des Lammes teilnehmen, während auf der Erde die Hölle los ist.

Sie fragen sich vielleicht: „Wer sind die Heiligen auf Erden?" Ich kann Ihnen nur meine Meinung sagen: in erster Linie Israel; in erster Linie ein jüdischer Überrest, denn der Antichrist ist ja der „falsche Messias"; das ist eine Bedeutung seines Namens. Wir können nicht näher darauf eingehen; es wurden schon viele Bücher für und wider diese Thesen geschrieben. Aber ich glaube sie so, wie ich sie Ihnen hier darstelle.

*****

Auch die in der obigen Bibelstelle erwähnte Zeitspanne ist ein hochinteressantes Thema. In Offenbarung 13,5 heißt es: *„...und es wurde ihm* [dem Antichrist] *Macht gegeben, zweiundvierzig Monate zu wirken."* **42 Monate sind 3 ½ Jahre**. Diese Zeitspanne erscheint an mehreren Stellen und zwar immer im Zusammenhang mit dieser Phase der Menschheitsgeschichte.

Betrachten wir noch einmal Daniel 7,25. Was hier steht, bezieht sich direkt auf die Lästerungen und gotteslästerlichen Provokationen des Antichrists. Daniel 7,25:

> *„Und er wird Worte reden gegen den Höchsten und wird die Heiligen des Höchsten aufreiben; und er wird danach trachten, Festzeiten und Gesetz zu ändern, und sie* [die Heiligen]

werden in seine Hand gegeben werden für eine Zeit und zwei Zeiten und eine halbe Zeit.“

Was bedeutet „eine Zeit und zwei Zeiten und eine halbe Zeit“?. Man braucht nur zu addieren: „eine Zeit“ und „zwei Zeiten“ und eine „halbe Zeit“ sind dreieinhalb Zeiten. Man braucht nur „Zeit“ synonym für „Jahr“ verwenden und schon hat man wieder die Zeitspanne von **3 ½ Jahren**.

Wenn man nun Jahre, Monate und Tage zueinander in Beziehung setzt und - wie im heiligen Kalender Gottes - 12 Monate für ein Jahr und 30 Tage für einen Monat rechnet, bekommt man folgende Rechnung:

3 ½ Jahre sind (3 ½ x 12) 42 Monate
42 Monate sind (42 x 30) 1260 Tage

Lesen Sie in Offenbarung 12,6 nach; dort finden Sie genau diese Zahlenangabe. In Offenbarung 12,6 ist von einer Frau die Rede, die in Vers 1 so charakterisiert wird:

„Eine Frau, bekleidet mit der Sonne, und der Mond war unter ihren Füßen und auf ihrem Haupt ein Kranz von zwölf Sternen.“

Für mich ist dies ohne jeden Zweifel ein Bild für Israel, denn es greift Josefs Traum auf, in dem er die Sonne, den Mond und elf Sterne sah, die ihm huldigten. Als er seinem Vater Jakob, der ein Prophet war, seinen Traum erzählte, konnte dieser ihn problemlos deuten. Er sagte: „Warum sagst du, dass ich und deine Mutter und deine elf Brüder kommen und dir huldigen werden?“ Aber genau dies taten sie später. Als Josef Herrscher in Ägypten geworden war, kamen sein Vater, seine Mutter und seine elf Brüder, um ihm zu huldigen.

Sie werden feststellen, dass die Bilder, Sinnbilder und Zahlen der Offenbarung allesamt aus dem Alten Testament stammen, weil es eine Offenbarung für die Diener Gottes ist, und die Diener Gottes sollen das Alte Testament kennen. Wer sich nicht die Zeit nimmt oder die Mühe macht, das Alte Testament zu studieren, kann die Offenbarung nicht verstehen. Man kann die Offenbarung verstehen, ohne theologische Seminare besucht zu haben, aber man kann sie nicht verstehen, ohne das Alte Testament zu kennen.

Deshalb besteht für mich nicht der geringste Zweifel. Dieses Bild ist relativ leicht zu deuten: Diese Frau ist Israel... *"...bekleidet mit der Sonne, und der Mond war unter ihren Füßen und auf ihrem Haupt ein Kranz von zwölf Sternen"* - die zwölf Stämme Israels, die zwölf Söhne Jakobs.

Und es kommt eine Zeit, in der der Drache, der als Teufel identifiziert wird, einen speziellen Angriff auf die Frau startet. Und wenn man sich vor Augen führt, wie viel er in den vergangenen zweitausend Jahren getan hat, kann man sich vorstellen, dass ein spezieller Angriff zweifellos auch ein schrecklicher Angriff sein wird. Offenbarung 12,6:

> *„Und die Frau floh in die Wüste, wo sie eine von Gott bereitete Stätte hat, damit man sie dort ernähre tausendzweihundertsechzig Tage...."*

Wegen meines Interesses für Israel fasziniert mich auch das ungemein. Verschiedene Schriftstellen weisen darauf hin, dass eine Zeit kommen wird, in der Gott sich in der Wüste mit Israel als Nation konfrontieren wird - von Angesicht zu Angesicht, ohne Vermittler. Hierin steckt ein Prinzip, auf das ich aus Platzgründen nicht näher eingehen kann. Ich las einmal folgende Erklärung zu Strafe und Segen in Bezug auf Israel und die Nationen, die ich sehr hilfreich fand:

„Gott segnet Israel direkt, aber er segnet die Nationen durch Israel - durch die Juden" (weil er seine Verheißung an Abraham und dessen Nachkommen erfüllt).

„Gott straft die Nationen direkt, aber er straft die Juden durch die Nationen."

Dieses Prinzip zieht sich durch die Menschheitsgeschichte. Es hat sich nie geändert. Gott straft Israel nie direkt. Er bedient sich nichtjüdischer Nationen als Werkzeuge, um Israel zu züchtigen. Aber er segnet Israel direkt.

Sie würden sich wundern, wenn Sie im direkten Gespräch mit bekehrten Juden feststellen würden, wie viele von ihnen sich ganz allein bekehrten - ganz ohne Hilfe anderer Menschen, nur sie und der Herr ganz allein. Und viele Passagen der Bibel - Sacharja 12, Hosea 2, Hesekiel 20 - zeigen, dass es eine Zeit im Programm Gottes mit Israel geben wird, in der er sie absondert, in eine Wüste hinausführt und sie dort mit sich konfrontiert. Und eines ist sicher: Es muss Gott selbst sein, der sich mit den Juden konfrontiert. Das ist etwas, das er sich selbst vorbehält. Er nennt Israel ja auch „meine Herrlichkeit" und er sagt: „Meine Herrlichkeit gebe ich niemand anderem."

Gott wird also folgendes tun: 1260 Tage lang wird sich Gott direkt mit Israel in der Wüste, wo Satan es nicht angreifen kann, beschäftigen. Gott sagt in Hosea 2: *„Siehe, ich werde sie locken und sie in die Wüste führen und ihr zu Herzen reden. Dann gebe ich ihr von dort aus ihre Weinberge und das Tal Achor als Tor der Hoffnung."*

Gehen wir noch näher auf diese Zeitspannen ein, insbesondere auf diese 1260 Tage in Offenbarung 12,6. In Offenbarung 13,5 ist von 42 Monaten die Rede. Wenn man dreißig Tage für einen Monat rechnet, ist das ist dieselbe Zeitspanne. In Daniel 7,25 lasen wir: *„...für eine Zeit und zwei Zeiten und eine halbe Zeit"* - das sind 3 ½ Jahre: Auch wieder dieselbe Zeitspanne. Es passt zusammen.

Dreieinhalb ist die Hälfte von sieben; sieben ist eine Woche. Das ist eine Maßeinheit. Das hebräische Wort für „Woche" heißt wörtlich „eine Sieben", womit aber nicht notwendigerweise „eine Sieben **an Tagen**" gemeint ist. Im Alten Testament wird häufig dort, wo eine „Woche **an Tagen**" gemeint ist, eigens der Zusatz „an Tagen" angefügt. Wenn man den Zusatz „an Tagen" nicht anfügt, heißt es einfach nur „eine Sieben" - das können dann Tage sein, aber auch Jahre.

Das führt uns zu Daniel 9, wo wir die fehlende „Woche" finden. Ich möchte nicht im Detail darauf eingehen, denn allein dafür wären zwei weitere Bücher erforderlich. Vielleicht, so Gott will und ich noch lebe, werde ich es eines Tages tun.

Lesen wir Daniel 9,25-27. Die Sprache in diesen Versen ist knapp, komprimiert, ja geradezu rätselhaft. Deshalb ist es manchmal schwer zu sagen, wie die Worte genau zu verstehen sind. Der Engel sagt zu Daniel:

> *„So sollst du denn erkennen und verstehen: Von dem Zeitpunkt an, als das Wort erging, Jerusalem* [das dem persischen Reich unterstand] *wiederherzustellen und zu bauen, bis zu dem Gesalbten* [dem Messias], *dem Fürsten, sind es sieben Wochen und 62 Wochen* [das sind insgesamt 69 Wochen]*: Die Straße wird wieder gebaut werden und die Mauer, und zwar in der Bedrängnis der Zeiten."* (teilw. wörtl. a. d. Engl.)

Das ist die historische Wiederherstellung Jerusalems nach der Rückkehr aus der babylonischen Gefangenschaft im 4. Jahrhundert v. Chr.. Nun Vers 26:

> *„Und nach den 62* [plus sieben, also 69] *Wochen wird der Messias ausgerottet werden..."*

„Woche" bedeutet, wie gesagt, oft einfach nur „eine Sieben" und das Wort „Wochen" bezieht sich hier auf Jahre, also *„eine Sieben an Jahren"*. Deshalb muss man die 69 mit 7 Jahren malnehmen. Das werden wir später noch tun. Damit bekommen wir die Anzahl von Jahren vom Erlass zum Wiederaufbau Jerusalems bis zur „Ausrottung" [andere Übersetzung: „bis zum Wegschneiden"] des Messias.

Ich möchte noch nebenbei erwähnen, dass die Rabbiner es über Jahrhunderte hinweg verboten, dieses neunte Kapitel von Daniel in den Synagogen vorzulesen; der Verweis auf die Ausrottung oder das „Wegschneiden" des Messias war so deutlich und die Anwendung auf Jesus so offensichtlich, dass sie nicht wollten, dass das gelesen wird. Und es war ein Triumph, dass in Israel erst vor kurzem dieses Kapitel wieder unter jene Kapitel eingereiht wurde, die gelesen werden können.

Fahren wir fort mit Daniel 9,26:

> *„Und nach den 62* [plus sieben, also 69] *Wochen wird der Messias ausgerottet werden..."*

Es gibt ein sehr interessantes Buch mit dem Titel *The Coming*

Prince von Robert Anderson, der aus dieser Zeitspanne der „69 Wochen aus Jahren" ein exaktes Datum errechnet hat. Wenn seine historischen Grundlagen in Bezug auf Daten und Ereignisse korrekt sind, hat er das Datum ganz exakt berechnet - unter Berücksichtigung von Schaltjahren und dem Übergang von v. Chr. zu n. Chr. und vielen anderen Dingen. Es ist eine komplizierte Berechnung, aber Sie finden sie, wie gesagt, in dem Buch *The Coming Prince*".

Nun zurück zu Daniel 9,26:

„Und nach den 62 [plus sieben, also 69] *Wochen wird der Messias ausgerottet werden, aber nicht für sich selbst* [Alternativübersetzung: „...er wird nichts haben..."]. *Und das Volk des kommenden Fürsten wird die Stadt und das Heiligtum zerstören..."* (teilw. wörtl. a. d. Engl.)

Das geschah im Jahr 70 n. Chr., als die römischen Armeen sowohl die Stadt Jerusalem als auch den Tempel - das Heiligtum - zerstörten. Beachten Sie, dass die Römer hier als „Volk des kommenden Fürsten" bezeichnet werden. Der „kommende Fürst" ist der Antichrist. Daran erkennen wir, dass der Antichrist eine ganz besondere Beziehung zu Rom haben wird, worauf ich schon im Zusammenhang mit der falschen Gemeinde hingewiesen habe. Diese wird von ihrer geographischen Lage her mit der Stadt Rom in Verbindung stehen bzw. assoziiert werden.

„...und sein Ende [also das Ende der Stadt] *ist in einer Überflutung; und bis zum Ende ist Krieg, fest beschlossene Verwüstungen.* [Jerusalem wird erst dann wieder die heilige Stadt Gottes werden, nachdem der Antichrist seinen Willen durchgesetzt hat. Vers 27:] *Und stark machen* [oder „bekräftigen"] *wird er einen Bund für die Vielen, eine Woche lang.* [Er wird *eine Woche lang* einen Bund für die Vielen bekräftigen. Das ist die 70. Woche. Wir hatten 69; das ist die letzte Woche] *Und zur Hälfte der Woche* [umgerechnet also nach **3 ½ Jahren**] *wird er Schlachtopfer und Speisopfer aufhören lassen..."*

Er wird der jüdischen Nation verbieten, ihren normalen Gottesdienst zu feiern und ihr normales Opfer zu bringen; und viele, viele Menschen glauben, dass er befehlen wird, sein eigenes Abbild im Tempel aufzustellen und dass er die Juden zwingen wird, es anzubeten. Das wird die endgültige Trennlinie zwischen dem Antichrist und den Juden sein.

Die Juden begrüßen fast jeden und fast alles, was ihnen wieder Zugang zum Tempelbereich verschaffen wird, weil es keinen anderen Ort gibt, an dem sie anbeten können. Zur Zeit Napoleons schrieb ein Jude an Napoleon: „Wenn Sie uns den Tempelbereich zurückgeben, werden Sie unser Messias sein." Ihre Rabbiner haben sie fälschlicherweise gelehrt, derjenige, der ihnen den Tempel zurückgibt, werde ihr Messias sein. Er wird es sein, aber es wird der falsche Messias sein. Es wird der Antichrist sein. Das ist wirklich sehr, sehr klar.

Nun sind wir also bei dieser Zeitspanne von **3 ½ Jahren bzw. 42 Monaten bzw. 1260 Tagen** angelangt. Deshalb liegt für mich der Schluss nahe, dass wir es in der Offenbarung nicht mit den ersten 3 ½ Jahren zu tun haben, sondern mit den letzten 3 ½ Jahren. Viele, viele Bibelkommentatoren glauben - und ich bin geneigt, das auch zu glauben, obgleich ich es nicht selbst behaupte -, dass diese 3 ½ Jahre die Zeit der **„Großen Trübsal"** sein wird, oder, wie sie in Jeremia 30 genannt wird, „eine Zeit der Bedrängnis für Jakob". Die jüdische Nation wird im Brennpunkt der Trübsal stehen.

Kein Jude, der etwas auf sich hält, wird je das Abbild des Antichristen anbeten. Deshalb werden sie an diesem Punkt zu einer letztendlichen Entscheidung gezwungen werden, wie es in Joel 4,14 heißt: *„Scharen über Scharen im Tal der Entscheidung"*. Gott hat seine eigenen Mittel und Wege, um Menschen ins Tal der Entscheidung zu bringen. Vielleicht ist Ihnen das in Ihrem eigenen Leben auch schon aufgefallen. Und er wird auch eine Situation herbeiführen, in der Israel gezwungen sein wird, sich zu entscheiden. Das wird nicht mehr lange dauern.

*****

Gehen wir kurz zurück zu 2. Thessalonicher 2 und lesen wir die

Verse 3 und 4:

> *„Laßt euch von niemand auf irgendeine Weise verführen, denn dieser Tag* [der Tag Christi] *kommt nicht, es sei denn, daß zuerst der Abfall* [der Abfall vom christlichen Glauben innerhalb der Gemeinde] *gekommen und der Mensch der Gesetzlosigkeit* [der Antichrist] *geoffenbart worden ist, der Sohn des Verderbens; der sich widersetzt und sich überhebt über alles, was Gott heißt oder ein Gegenstand der Verehrung ist, so daß er sich in den Tempel Gottes setzt und sich ausweist, daß er Gott sei.“*

Ich nehme diese Worte sehr wörtlich. Das bedeutet: Er wird behaupten, er sei Gott, und er wird Anbetung fordern und er wird im Tempel Gottes sitzen.

Damit taucht natürlich wieder die uralte Frage auf: Werden die Juden den Tempel wieder aufbauen? Ich denke, die Antwort ist ja. Einige Leute fragen: Wie kann der Tempel dann „Tempel Gottes“ genannt werden? Vergessen Sie nicht: Die Juden sind das Volk Gottes, und ihr Gott ist der wahre Gott. Und wenn sie ihrem Gott einen Tempel bauen, ist das der Tempel Gottes, auch wenn sie zu diesem Zeitpunkt Jesus noch nicht als Messias angenommen haben werden.

Betrachten wir anhand von Offenbarung 13 noch einmal diesen Aspekt der Anbetung, denn das ist ja das Endziel des Ehrgeizes Satans. Er arbeitet seit Jahrtausenden systematisch daran, es endlich so weit zu bringen, dass er angebetet wird. Offenbarung 13,3-4:

> *„Und ich sah einen seiner Köpfe wie zum Tod geschlachtet. Und seine Todeswunde wurde geheilt, und die ganze Erde staunte hinter dem Tier* [dem Antichrist] *her. Und sie beteten den Drachen* [den Teufel] *an, weil er dem Tier* [dem Antichrist] *die Macht gab, und sie beteten das Tier* [den Antichrist] *an und sagten: Wer ist dem Tier gleich? Und wer kann mit ihm kämpfen?*

So stellt sich der Mensch Gott vor - als jemanden, der unbesiegbar ist und der jedermann mit seinen Waffen auslöschen kann.

Dieselbe Wahrheit finden wir in Vers 8:

„Und alle, die auf der Erde wohnen, werden ihn [den Antichrist] *anbeten, jeder, dessen Name nicht geschrieben ist im Buch des Lebens des geschlachteten Lammes von Grundlegung der Welt an."*

Betrachten wir noch einmal kurz Hesekiel 28. Dieser Aspekt wird auch schon in Bezug auf die bemerkenswerte Persönlichkeit des „Fürsten von Tyrus" vorausgesagt. Hesekiel 28,2:

„Menschensohn, sage zum Fürsten von Tyrus: So spricht der Herr: Weil dein Herz hoch hinaus will und du sagst: 'Gott bin ich, den Wohnsitz der Götter bewohne ich im Herzen der Meere!' - während du doch nur ein Mensch bist und nicht Gott; du aber erhebst dein Herz, als wäre es Gottes Herz..."

Er ist ein Mensch, behauptet jedoch, Gott zu sein. Das ist der Antichrist. Diese Stelle korrespondiert exakt mit 2. Thessalonicher 2,4, wo es heißt:

„...der sich widersetzt und sich überhebt über alles, was Gott heißt oder ein Gegenstand der Verehrung ist, so daß er sich in den Tempel Gottes setzt und sich ausweist, daß er Gott sei."

Dieser Vers und Hesekiel 28,2 passen exakt zusammen.

*****

Betrachten wir als nächstes die verführerische Kraft des Antichrists. 2. Thessalonicher 2,10-12:

„...und mit jedem Betrug der Ungerechtigkeit für die, welche verloren gehen, dafür, daß sie die Liebe der Wahrheit zu ihrer Errettung nicht angenommen haben. Und deshalb sendet ihnen Gott eine wirksame Kraft des Irrwahns, daß sie der Lüge glauben, damit alle gerichtet [oder „verurteilt"] *werden, die der Wahrheit nicht geglaubt, sondern Wohlgefallen gefunden haben an der Ungerechtigkeit."*

Ich sage es noch einmal: Wir haben nur zwei Alternativen. Entweder glauben wir der Wahrheit oder wir glauben der Lüge des Teufels. Wenn wir die Wahrheit ablehnen, werden wir der Lüge glauben. Gott wird dafür sorgen. Das erstaunt einige Leute. Es heißt hier: *„Und deshalb sendet ihnen* ***Gott*** *eine wirksame Kraft des Irrwahns...“* Wenn man die Bibel durchliest, sieht man, dass es die letzte und schlimmste Maßnahme des göttlichen Gerichts ist, wenn er jemanden der Verblendung des Teufels übergibt.

Dafür gibt es historische Präzedenzfälle. Einen davon finden wir in 1. Samuel 16. König Saul verwarf absichtlich das Wort Gottes und wurde auf David eifersüchtig. Es heißt, daraufhin hätte ihn der Geist Gottes verlassen und ihn ein böser Geist von Gott geplagt. Es heißt ausdrücklich, dass dieser böse Geist von Gott kam.

Einen anderen Fall finden wir in 1. Könige 22: Ahab, der König von Israel, hatte immer wieder hartnäckig die wahren Propheten des Herrn abgewiesen und sich mit den falschen Propheten seiner Frau Isebel umgeben. Als der wahre Prophet eine Botschaft hatte, verwarf er sie, woraufhin der wahre Prophet sagte:

> *„Ich sah den Herrn auf seinem Thron sitzen, und das ganze Heer des Himmels stand um ihn, zu seiner Rechten und zu seiner Linken. Und der Herr sprach: Wer will Ahab betören, daß er hinaufzieht und bei Ramot in Gilead fällt? Und der eine sagte dies, und der andere sagte das. Da trat der Geist hervor und stellte sich vor den Herrn und sagte: Ich will ihn betören. Und der Herr sprach zu ihm: Womit? Da sagte er: Ich will ausgehen und will ein Lügengeist sein im Mund aller seiner Propheten. Und* [der Herr] *sprach: Du sollst ihn betören und wirst es auch können.“*

Auf diese Weise wurde Ahab betört oder verblendet, damit er in Ramot bei Gilead in den sicheren Tod ging.

Oder nehmen wir Jesaja 29. Hier wird ganz Israel mit Ausnahme eines sehr kleinen Überrests einem Geist des Schlafes übergeben, weil es immer und immer wieder die wahren Propheten und das wahre Wort Gottes abgelehnt hatte. In Römer 11 ist von einem „Geist der

Schlafsucht" die Rede. Gott gab ihnen den Geist der Schlafsucht.

Und was in der Vergangenheit König Saul, König Ahab und Israel als Nation widerfuhr, wird am Ende der Zeit der ganzen Welt widerfahren: Alle Menschen, die die Wahrheit des Evangeliums ablehnen, die sich weigern, sich vor dem wahren Christus zu beugen und ihn anzuerkennen, die sich weigern, sich dem Geist der Wahrheit, dem Heiligen Geist, hinzugeben, werden getäuscht und verblendet werden. Gott wird ihnen „eine wirksame Kraft des Irrwahns" senden.

Deshalb kann ich nicht genug betonen, wie absolut wichtig es ist, dass Sie Ihre Ohren nicht von der Wahrheit abwenden. Wenn Sie sich von der Wahrheit abwenden, können Sie sich absolut sicher sein, dass keine zwei Jahrzehnte vergehen werden (und ich frage mich, ob es überhaupt so lange dauern wird), bis Sie in der Falle der satanischen Verblendung und Täuschung sitzen, aus der es keinen Ausweg mehr gibt.

Beachten Sie auch, warum sie die Wahrheit ablehnten. Lesen wir dazu 2. Thessalonicher 2,12:

> *„...damit alle gerichtet* [oder „verurteilt"] *werden, die der Wahrheit nicht geglaubt, sondern Wohlgefallen gefunden haben an der Ungerechtigkeit."*

Es ist eine Eigenschaft der Bibel, dass sie immer gegen Sünde ist. Man kann nicht einerseits die Bibel lesen, studieren und anfangen, nach ihr zu leben, und andererseits ein böses Leben führen. Wer sein böses Leben führen will, ist ein Feind der Bibel. Solche Menschen begründen ihre Feindschaft jedoch nicht mit ihrer Sündhaftigkeit, sondern führen alle möglichen intellektuellen Argumente gegen die Bibel an. Doch der eigentliche Grund liegt darin, dass sie entweder ihren Lebensstil ändern müssen oder sie bringen die Bibel in Misskredit.

Die Bibel legt hier den Finger auf den eigentlichen Grund, warum die Menschen der Wahrheit nicht glauben - weil sie die Ungerechtigkeit vorziehen. Sie wollen falsch leben. Die Bibel wird sie zurechtrükken. Entweder lassen sie sich zurechtrücken oder sie lehnen die Wahrheit der Bibel ab. Und die Schrift sagt sehr deutlich, dass die meisten

Menschen auf Erden am Ende der Zeit in der Verblendung Satans gefangen sein werden, weil sie die Wahrheit abgelehnt haben.

Das lesen wir auch in Offenbarung 13,8, einer Stelle, die exakt mit 2. Thessalonicher 2,10-12 übereinstimmt:

> „*Und alle, die auf der Erde wohnen, werden ihn* [den Antichrist] *anbeten, jeder, dessen Name nicht geschrieben ist im Buch des Lebens des geschlachteten Lammes von Grundlegung der Welt an.*“

Die einzigen, die nicht verblendet werden, sind die, deren Namen im Buch des Lebens des Lammes stehen. Es sind nur die Auserwählten Gottes. In Matthäus 24 geht Jesus sogar soweit, dass er sagt, wenn es möglich wäre, würde der Feind sogar die Auserwählten Gottes verführen.

*****

Offenbarung 13,7 macht deutlich, dass der Antichrist der Höhepunkt der Religion Kains ist. Kain begann damit, indem er seinen Bruder tötete, und die Schrift erklärt in 1. Johannes 2, warum er ihn tötete - weil die Werke seines Bruders gerecht, seine eigenen jedoch ungerecht waren. Der Antichrist treibt dies auf die Spitze. Offenbarung 13,7:

> „*Und es wurde ihm gegeben, mit den Heiligen Krieg zu führen und sie zu überwinden; und es wurde ihm Macht gegeben über jeden Stamm und jedes Volk und jede Sprache und jede Nation.*“

Er wird alle wahren Heiligen Gottes verfolgen. Das lesen wir auch in Daniel 7,21:

> „*Ich sah, wie dieses Horn* [das ist das kleine Horn] *gegen die Heiligen Krieg führte und sie besiegte...*“

*****

Nun kommen wir zu der faszinierenden Berechnung seines Namens. Offenbarung 13,18:

„Hier ist die Weisheit [...und biblische Weisheit ist immer praxisorientiert und nie mystisch oder abgehoben]. *Wer Verständnis hat, berechne die Zahl des Tieres; denn es ist eines Menschen Zahl; und seine Zahl ist sechshundertsechsundsechzig."*

Sechshundertsechsundsechzig. Ich persönlich sehe darin kein Geheimnis. Ich kenne den Namen des Antichristen übrigens nicht und habe, ehrlich gesagt, auch kein sehr großes Interesse daran, ihn zu erfahren. Doch als ich mit dem Namen „Jesus" experimentierte, wurde mir bewusst, dass die Sache im Grunde recht einfach ist:

Der Name „Jesus" besteht im Griechischen aus sechs Buchstaben. Ich verwende, um sie wiederzugeben, an dieser Stelle lateinische Buchstaben. Der erste Buchstabe ist ein Iota oder „I". Dann hat das Griechische ein kurzes und ein langes „e". Das hier ist das lange „e" - „eeee". Also lautet der Name: „I-e-s-o-u-s".

Im Griechischen, Lateinischen und Hebräischen ist jedem Buchstaben des Alphabets ein bestimmter Zahlenwert zugeordnet. Wenn man das mit den englischen oder deutschen Buchstaben vergleichen würde, entsprächen die ersten zehn Buchstaben des Alphabets den Zahlen von 1 bis 10. Der nächste Buchstabe wäre 20 und dann in Zehnerschritten weiter: 30, 40, 50, 60 bis 100 und dann in Hunderterschritten weiter: 100, 200, 300, 400 bis zum Ende des Alphabets. So kann man, wenn auch etwas mühsam, jede beliebige Zahl zusammensetzen. Das war Standard, bis die Araber kamen und unser Zahlensystem einführten; wir haben ja heute die sogenannten „arabischen Zahlen". Mit den römischen Zahlen kann man sogar auch multiplizieren und dividieren. Sie wissen vielleicht, dass bei den römischen Zahlen „I" für 1 steht, „V" für 5, „X" für 10, „L" für 50, „C" für 100 usw.

Man nimmt nun die Buchstaben des Namens „Jesus" und schreibt neben jeden Buchstaben den entsprechenden Zahlenwert. Dabei schreibt man Buchstaben und Zahlen nicht nebeneinander, sondern untereinander; so bekommt man die Zahlen 10, 8, 200, 70, 400 und 200. Je weiter hinten die Buchstaben im Alphabet stehen, desto höher sind auch die entsprechenden Zahlenwerte. Diese Zahlen ergeben zusammengezählt 888.

Meinem Denken zufolge ist das kein Zufall. Der wahre Christus ergibt die Zahl 888, der falsche Christus die Zahl 666. Ich will nicht näher auf diese Numerologie eingehen, aber ich glaube, dass Zahlen eine Bedeutung haben. Ich will aber nicht jedermann davon überzeugen, und es ist auch ein gefährliches Thema, in das man sich leicht versteigen kann.

Wenn der Antichrist Jude ist, hat er möglicherweise einen hebräischen Namen. Wenn er irgendwo im Nahen Osten emporkommt, hat er vielleicht einen arabischen Namen. Auch im Arabischen haben die Buchstaben ihre entsprechenden Zahlenwerte. Er könnte auch Grieche sein. Das ist durchaus möglich. Wie auch immer es sein wird: Sobald sein Name bekannt ist, besteht für mich persönlich nicht der geringste Zweifel daran, dass die Zahlen, die den einzelnen Buchstaben seines Namens entsprechen, zusammengezählt exakt 666 ergeben werden. Wer vorher noch im Zweifel war, wird nachher Gewissheit haben.

*****

Gehen wir noch einmal kurz zu 2. Thessalonicher 2. Ich möchte Ihnen sagen, dass es nicht unsere Aufgabe ist, etwas gegen den Antichrist zu unternehmen. Wir haben viele wichtige Aufgaben, aber dies zählt nicht dazu. Und ich persönlich habe keinerlei Ambitionen, ein Held zu sein. 2. Thessalonicher 2,8:

> *„...und dann wird der Gesetzlose geoffenbart werden, den der Herr Jesus beseitigen wird durch den Hauch seines Mundes und vernichten durch die Erscheinung seiner Ankunft...“*

Hier wird deutlich, dass der Antichrist, der falsche Christus, vom wahren Christus zerstört werden wird, was meines Erachtens angemessen ist.

Hierzu gibt es interessante Parallelen zu Prophetien aus dem Buch Jesaja. Ich staunte selbst darüber, wie oft sich Jesaja auf diese Dinge bezieht. Lesen wir Jesaja 11,1:

> *„Und ein Sproß wird hervorgehen aus dem Stumpf Isais...* [Jedermann weiß, dass damit der Messias gemeint ist. Vers 4:] *...sondern er wird die Geringen richten in Gerechtigkeit und die Elenden des Landes zurechtweisen in Geradheit. Und er wird den Gewalttätigen schlagen mit dem Stab seines Mundes und mit dem Hauch seiner Lippen den Gottlosen töten."*

Er wird den Antichrist mit dem feurigen Hauch aus seinem Mund verzehren. Lesen wir noch Jesaja 30,27-28:

> *„Siehe, der Name des Herrn kommt von weit her* [der „Name des Herrn" ist manchmal ein Titel der zweiten Person der Dreieinigkeit, also Jesus Christus] *mit seinem brennenden Zorn und wuchtigem Auffahren. Seine Lippen sind voller Grimm, und seine Zunge ist wie ein verzehrendes Feuer und sein Atem wie ein überflutender Bach, der bis an den Hals* [seiner Feinde] *reicht: um die Nationen zu schwingen mit dem Schwingsieb des Nichts..."*

Wir brauchen nicht weiter zu lesen; wir sehen, dass das verzehrende Feuer aus seinem Mund seine Feinde vernichten wird.

Im 33. Vers dieses 30. Kapitels ist vom Ort der letzten Schlacht die Rede:

> *„Denn längst ist eine Feuerstätte* [Tophet oder das Tal Hennim in der Südostecke der Stadt Jerusalem] *hergerichtet. Auch für den König ist sie bereitet, tief und weit hat er sie gemacht. Ihr Scheiterhaufen ist für das Feuer und hat Holz in Menge. Wie ein Schwefelstrom setzt der Atem des Herrn ihn in Brand."*

Den Höhepunkt dieses Szenarios lesen wir in Offenbarung 19,19-21:

> *„Und ich sah das Tier und die Könige der Erde und ihre Heere versammelt, um mit dem, der auf dem Pferd saß* [das ist der wahre Christus, Jesus], *und mit seinem Heer Krieg zu führen. Und es wurde ergriffen das Tier und der falsche Prophet - der*

mit ihm war und die [Wunder] vor ihm tat... Lebendig wurden die zwei in den Feuersee geworfen, der mit Schwefel brennt. Und die übrigen wurden getötet mit dem Schwert, das aus dem Mund dessen hervorging, der auf dem Pferd saß..."

Hier haben wir eine exakte Übereinstimmung von Jesaja, Thessalonicher und Offenbarung.

*****

Betrachten wir abschließend noch das satanische Zerr- oder Spiegelbild des Christentums. Dies ist sein Meisterstück der Verblendung und Höhepunkt und Inbegriff all seiner Bestrebungen. Betrachten wir noch einmal Offenbarung 13. Den Eingangsvers haben wir bereits gelesen. Wir haben bereits folgende Konstellation festgehalten: der Drache - Satan selbst - ist das Gegenstück zu Gott Vater und das Tier, der Antichrist, ist das Gegenstück zu Gott Sohn, der Verkörperung des Vaters, dem persönlichen Gesandten und Repräsentanten des Vaters, demjenigen, durch den der Vater angebetet werden muss.

Der falsche Prophet erscheint in Offenbarung 13,11, wo es heißt:

„Und ich sah ein anderes Tier aus der Erde aufsteigen: und es hatte zwei Hörner gleich einem Lamm, und es redete wie ein Drache...."

Obwohl er nett und religiös auftritt und zweifellos, wie so viele Leute, über Liebe spricht, wird er sich doch wie ein Drache verhalten. Vers 12:

„Und die ganze Macht des ersten Tieres [also des Antichrists] *übt es vor ihm aus, und es veranlaßt die Erde und die auf ihr wohnen, daß sie das erste Tier* [den Antichrist] *anbeten, dessen Todeswunde geheilt wurde."*

Es ist die Aufgabe des Heiligen Geistes, für die wahre Anbetung Jesu zu sorgen. Genauso ist es die Aufgabe des falschen Propheten für die Anbetung des Antichrists zu sorgen. Der falsche Prophet nimmt den Platz des Heiligen Geistes ein. Damit ist die satanische Dreieinigkeit komplett: der Drache, das Zerrbild des Vaters; das Tier, der Antichrist, das Zerrbild des Sohnes; der falsche Prophet, das Zerrbild des Heiligen Geistes.

Weiter heißt es über diesen falschen Propheten in Offenbarung 13,14:

> *„...und es verführt die, welche auf der Erde wohnen... und es sagt denen, die auf der Erde wohnen, dem Tier... ein Bild zu machen* [also ein Abbild des Tieres, des Antichrists, zu machen. Vers 15:] *Und es wurde ihm gegeben, dem Bild des Tieres Odem zu geben, so daß das Bild des Tieres sogar redete und bewirkte, daß alle getötet wurden, die das Bild des Tieres nicht anbeteten."*

Das Bild des Tieres ist das Gegenstück, das Zerrbild der wahren Gemeinde, die das Bild des Herrn Jesus Christus widerspiegelt. Damit haben wir ein exaktes satanisches Gegenstück zur gesamten Wahrheit des Christentums - hier Vater, Sohn, Heiliger Geist und die Gemeinde, dort der Drache, das Tier, der falsche Prophet und das Bild des Tieres.

Gehen wir abschließend noch zu Lukas 21,34-36 - Worte der Warnung für jeden, der diese Botschaft hört:

> *„Hütet euch aber, daß eure Herzen nicht etwa beschwert werden durch Völlerei und Trunkenheit und Lebenssorgen* [wie Heiraten, Geheiratet-Werden, Bauen, Pflanzen, Kaufen, Verkaufen, Essen und Trinken] *und jener Tag plötzlich über euch hereinbricht; denn wie ein Fallstrick wird er kommen über alle, die auf dem ganzen Erdboden ansässig sind. Wacht nun und betet zu aller Zeit, daß ihr würdig geachtet werdet, diesem allem, was geschehen soll, zu entfliehen und vor dem Sohn des Menschen zu stehen."*

Noch ein abschließender Gedanke: Sie müssen für würdig geachtet werden zu entfliehen. Sie müssen so leben, dass Gott ungerecht wäre, wenn er Sie in sein Gericht über die Gottlosen mit hineinwerfen würde.

Derek Prince

Über den Autor...

Derek Prince wurde 1915 als Sohn britischer Eltern in Indien geboren und erhielt seine Ausbildung an zwei der angesehensten Institutionen: am Eton College und an der Universität Cambridge. Im Alter von 24 Jahren wurde er in Cambridge zum Professor der Philosophie ernannt. Als er im 2. Weltkrieg in die Britische Armee einberufen wurde, nahm er eine Bibel mit, um sie als "ein philosophisches Werk" zu studieren. Eines nachts, als er allein auf seiner Stube war, wurde er mit der Realität Jesu Christi konfrontiert, nahm Ihn als Herrn und Heiland an, und die Ausrichtung seines Lebens änderte sich von Grund auf.

Seit diesem Ereignis hat Derek Prince das Wort Gottes studiert, analysiert, darüber meditiert und es gelehrt. Heute wird er als einer der führenden Bibellehrer unserer Zeit international anerkannt.

Seine täglich ausgestrahlten Radiosendungen erreichen die meisten Länder der Erde, und sind unter anderem in fünf verschiedene chinesische Sprachen, auf Spanisch, Russisch, Mongolisch, Tonganisch und Arabisch übersetzt worden.

Sein Lehrmaterial - mehr als 40 Bücher mit Übersetzungen in über 50 Sprachen, sowie etwa 400 Audio- und 150 Videokassetten - legen eine Grundlage im Leben christlicher Leiter in der ganzen Welt.

Das internationale Büro von 'Derek Prince Ministries' befindet sich in Charlotte, North Carolina (USA). Darüber hinaus gibt es weitere Büros in verschiedenen Ländern und Erdteilen. Internationaler Direktor ist David Selby.

Weitere Bücher von Derek Prince: Einige Klassiker...

Biblische Prophetie und der Nahe Osten
Bestellnr.: B34GE

Derek Prince zeigt in diesem Buch u.a. auf, dass Israel Gottes auserwähltes Volk ist; dass die heute in Erfüllung gehenden Prophezeihungen die Wahrheit der Bibel beweisen, und dass die Feindschaft gegen das heutige Israel in erster Linie geistliche Gründe hat.

Pb, 184 Seiten; EUR 9,00 (DM 17,60; öS 123,84)

Ehemänner und Väter
Bestellnr.: B45GE

Derek Prince erläutert die Rolle von Ehemann und Ehefrau sowie die entscheidende "Zutat" einer guten Ehe. Er skizziert den Vater als Priester, Prophet und König der Familie und ermutigt alle Männer, diese hohe Berufung festzuhalten, den Weg biblischer Vaterschaft zu gehen, ihre Familien nach dem Willen Gottes zu führen und sich auch als geistliche Väter zur Verfügung zu stellen.

Pb, 176 Seiten
EUR 9,00 (DM 17,60; öS 123,84)

Die Waffe des Betens und Fastens
Bestellnr.: B25GE

In diesem Buch erläutert Derek Prince anhand des Wortes Gottes sowie persönlicher Beispiele, wie Christen Weltereignisse durch die einfachen aber wirksamen Mittel des Betens und Fastens verändernd beeinflussen können.
Die drei endzeitlichen Absichten Gottes sind die Wiederherstellung Israels, die Weltevangelisation und die Vollendung der Gemeinde als Braut Jesu. Die Quelle der Kraft, um dieses Ziel zu erreichen, ist vereintes Beten und Fasten.

Tb, 192 Seiten; EUR 8,00 (DM 15,65; öS 110,08)

Leben aus Glauben
Bestellnr.: B29GE

Für einen Christen ist der Glaube sowohl eine Verheißung als auch ein Befehl. "Leben aus Glauben" beschäftigt sich mit den Fragen des Glaubens - sein Geheimnis, seine Verheißungen und seine Kraft. Was ist Glaube eigentlich? Wie kann man Glauben ganz praktisch im Alltag umsetzen? Wie kann mein Glaube wachsen?
Leicht verständlich, praktisch und bibelgemäß ist "Leben aus Glauben" eine Anregung und Hilfe für jeden Christen, der der Heiligen Schrift gehorchen und die Verheißungen eines Lebens aus Glauben empfangen möchte.
Tb, 160 Seiten; EUR 7,00 (DM 13,69; öS 96,32)

Der Heilige Geist in Ihnen
Bestellnr.: T60GE

Derek Prince erläutert in diesem Buch das Handeln des Heiligen Geistes und wie er im Leben von Christen wirkt. Wenn wir die aktive Gegenwart des Heiligen Geistes in unserem Leben verstehen und empfangen, erhalten wir neue Kraft und Gnade für unser tägliches Dasein.
Erfahren Sie, wie Sie mit dem Heiligen Geist erfüllt werden können, um so leben zu können, wie Jesus gelebt hat: in Liebe und Gnade - und in der Kraft Gottes.
Tb, 104 Seiten; EUR 6,50 (DM 12,71; öS 89,44)

Braucht Ihre Zunge Heilung?
Bestellnr.: T85GE

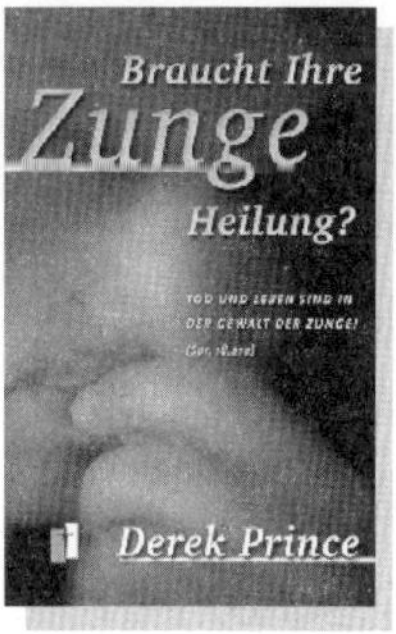

Früher oder später wird jedem Christen bewusst, dass es unabdingbar ist, die Zunge im Zaum zu halten - leider will dies jedoch nicht gelingen. Derek Prince gibt dem Leser klare biblische Schritte vor, mit deren Hilfe er die Zunge disziplinieren kann.
Tb, 96 Seiten; EUR 5,50 (DM 10,76; öS 75,68)

Audio und Video: Biblische Lehrbotschaften zum Thema

Geistliche Kriegsführung 1 bis 4
Bestellnr.: SC5GE

Jeder Christ und die Gemeinde als Ganzes steht in einem Kampf, ob uns dies bewusst ist oder nicht.Derek Prince erläutert in dieser Serie, welcher Natur dieser Kampf ist, wer unsere Feinde sind und wie wir in diesem Kampf siegreich bestehen können.

1) Der eigentliche Feind
2) Die geistliche Waffenrüstung
3) Angriffswaffen im geistlichen Kampf
4) Aggresives Gebet

EUR 17,95 (DM 35,11; öS 246,99)

Video-Botschaft: Weißt Du, wie kostbar Du bist?
Bestellnr.: V9088GE

Wenn wir wirklich wüssten, wie sehr Gott uns schätzt und liebt, werden wir den Problemen unseres Lebens ganz anders begegnen und sie bewältigen. Derek Prince stellt uns, auf dem Fundament der Bibel, ein klares Bild dieses wichtigen Themas vor Augen.

EUR 14,95; DM 29,24; öS 205,71

Durch die Zusendung der nebenstehenden Antwortkarte können Sie:

1) Die kostenlose Audiokassette **"Der biblische Weg zur Einheit"** bestellen.
2) Unseren kostenlosen Gesamtkatalog bzw. weitere Informationen über den Dienst von Derek Prince erhalten.